지은이   헤이든 핀치|Hayden Finch

임상심리 전문가이자 행동 변화 전문가이다. 자기 의심을 자신감으로 바꾸는 멘탈 케어 전문 플랫폼 'Master Your Mental Health'의 CEO로도 활동하고 있다. 사람들이 불안을 극복하고, 자신을 수용하는 법을 깨우치고, 정신없는 삶 속에서도 의미를 찾는 법을 익히도록 돕는 것을 목표로 삼는다. 그리고 '아칸소주 고기능성 불안장애 센터Arkansas Center for High Functioning Anxiety'를 설립하여, 내적으로 불안하고 과도한 스트레스로 힘들어하는 성취도가 높은 사람들high-achiever이 자기 수용과 자신감, 충족감을 찾도록 연구 기반 치료를 제공하고 있다.

저자는 정신 건강 클리닉을 운영하면서 완벽주의부터 미루기까지 온갖 증상에 시달리는 사람들과 불안장애부터 정신증psychosis에 이르기까지 다양한 병명을 진단받은 환자들을 수백 명 만나왔다. 저자를 찾아온 내담자들은 원대한 목표는 갖고 있지만 이를 실현하려는 과정에서 여러 문제에 부딪히고 있었다. 그들을 상담하면서 함께 우울증과 불안장애, ADHD, 그 외 다양한 정신 건강 질환의 증상과 부작용을 극복하기 위해 애쓰고 있다.

듀크대학교에서 심리학을 전공했으며, 네브래스카대학교 링컨캠퍼스에서 임상심리학 박사 학위를 받았다. 현재 클리닉 운영뿐 아니라 정신 건강 블로그 운영, 칼럼 연재 등 활발히 활동 중이다. 지은 책으로《게으른 완벽주의자를 위한 심리학》이 있다.

옮긴이   이은정

번역하는 사람. 바른번역 소속 번역가로 활동하고 있으며, 경희대학교에서 영어 통번역학을 전공했다. 옮긴 책으로는《게으른 완벽주의자를 위한 심리학》,《거인의 통찰》등이 있다

**게으른 완벽주의자를 위한
시작의 습관**

✱ ✱ ✱ 하루 한 번, 변화를 만드는 12주 습관 일기 ✱ ✱ ✱

게으른 완벽주의자를 위한
시작의 습관

헤이든 핀치 지음 | **이은정** 옮김

Habits

시크릿하우스

출발하게 하는 힘이 동기라면,
계속하게 하는 힘은 습관이다.

_____

짐 라이언 Jim Ryun

이 습관 일기는

_____ 의

시작하는 힘입니다.

'변화'라는 목적지를 향하여

누구에게나 오랜 시간에 걸쳐 생긴 나쁜 습관 몇 가지는 있다. 고쳐 보려고 한 번쯤은 노력해 봤지만 아마 그리 성공적이지 않았을 거다. 아니면 건강한 생활 습관을 만들고 그것을 꾸준히 유지하려 애써 본 적이 있든지. 참 답답할 노릇이나, 나쁜 습관은 생기는 건 금방이고 고치기도 쉽지 않은 반면 좋은 습관은 자리 잡게 하는 것도 여간 어렵지 않을뿐더러 사라지기도 쉽다.

습관을 바꾸기 어렵다는 게 아주 불가능하다는 말은 아니다. 심리학 덕분에 우리는 습관을 형성하는 여러 요소가 있으며, 각각의 요소를 해결해 나감으로써 행동을 바꾸는 능력을 키울 수 있다는 사실을 알게 되었다. 바로 그 지점에서 이 습관 일기가 도움을 줄 것이다. 《게으른 완벽주의자를 위한 시작의 습관》은 습관의 과학이 제공하는 중요한 통찰력과 실용적인 조언, 동기를 부여하는 명언과 긍정 확언, 습관을 정확히 파악하도록 돕는 글쓰기 아이디어, 목표 달성에 정진하는 데 필요한 추적 도구를 활용하여 당신이 다각도에서 습관과 마주하도록 도울 것이다. 당신이 지닌 습관이 무엇이든 이 습관 일기를 끝내고 나면 변화라는 목적지를 향해 순항해 갈 수 있을 거다.

본격적인 시작에 앞서 내 소개를 먼저 해야겠다. 나는 공인 임상심리학자 헤이든 핀치 박사Dr. Hayden Finch이며, 행동 변화를 돕는 전문가다. 15년이 넘는 세월 동안 심리학과 인간 행동을 연구했으며, 우리 행동(특히 습관)이 성공과 목표, 자기 자신과 스스로의 삶을 바라보는 방식에 미치는 영향에 관해 많은 걸 연구해 왔다. 지금껏 치료한 모든 내담자는 미루기부터 과잉 친절 people-pleasing(눈치를 보거나 타인의 비위를 맞추려 애쓰면서 자신의 욕구나 의견을 희생하며 타인을 기쁘게 해주려는 경향-옮긴이), 상습적 지각, 과식에 이르기까지 다양한 습관으로 힘들어했으며, 이를 고치고 싶어 했다. 내담자와 함께 우리는 과학적 연구를 기반으로 하는 여러 전략을 활용해 이러한 습관들을 고치고 잘 정착하도록 만들었다.

내담자들은 흔히 습관을 바꾸며 불안이나 슬픔, 혹은 큰 부담

감을 느낀다. 당신도 마찬가지일 수 있다. 건강하지 않은 습관을 다룰 때 이러한 부정적 감정이 나타나곤 하는데, 이것이 애당초 나쁜 습관이 생긴 원인임과 동시에 고치기 힘든 원인이기도 하다. 이때 느껴지는 부정적 감정은 습관이 변화하는 과정에서 발생하는 정상적인 부분이다.

하지만 이것만은 명심하자. 불안과 슬픔이 감당할 수 없을 정도라고 느껴지면 전문가의 도움을 구해야 한다. 이 습관 일기는 숙련된 전문가의 정신 건강 치료를 대신하지 않는다. 계속되는 혹은 점차 악화하는 정신 건강상의 문제가 있다고 여겨지면, 해당 증상을 다루는 전문가와 상담하여 자신에게 맞는 해결책을 찾아야 한다.

내담자들을 치료하는 과정에서 나는 나쁜 습관을 극복하는 일이 그저 동기의 문제가 아니라 더 깊고 복잡한 문제라는 사실을 깨달았다. 그러나 바꾸고자 하는 행동이 무엇이든, 해당 습관을 추적하는 것만으로도 변화에 큰 도움이 된다. 더불어 습관을 관찰하면서 그것을 비판적으로 사고한 다음, 습관을 구성하는 각 요소를 실행하기 위한 구체적인 계획을 짠다면 변화를 장기간 유지할 수 있다. 그런 당신을 돕기 위해 이 책을 만들었다. 행동을 관찰하며 스스로를 돌아보고 추적할 수 있는 공간, 진정 자신의 행동을 바꾸기를 원한다면 답을 찾아야 하는 중요한 여러 질문을 제시해 줄 당신만을 위한 공간을 마련해 주고 싶었다. 당신의 뇌가 다시금 배선을 재정립하고 목표를 향해 나아가도록 하고 싶다면 지금 당장 취해야 하는 첫 번째 행동은 이 책을 집어 드는 일이다.

Habits

습관 만들기,
시작은 최대한 단순하게

매일 하는 행동이 나를 만든다.
그러므로 탁월함은 어떤 행위가 아닌
습관으로 달성된다.

윌리엄 듀런트 William Durant

We are what we repeatedly do.
Excellence, then, is not an act, but a habit.

행동을 바꾸려 할 때 가장 흔히 하는 실수가 중간 과정은 다 건너뛰고 바로 '바꾸는' 단계로 진입하는 것이다. 마치 상대 팀이 누군지도 모르는 채 필드로 나가는 축구팀처럼. 당연히 좋은 생각이 아니다. 시합 전에는 우리 팀의 강점과 약점은 물론, 상대 팀의 강점과 약점, 이전 경기에서 패한 이유, 필드의 상태까지 모든 것을 파악해야 한다. 습관 바꾸기도 마찬가지다. 뭐든 바꾸려면 그 대상부터 이해해야 한다.

1장은 워밍업 단계다. 습관이란 정확히 무엇이며, 어떻게 형성되고, 건강한 습관을 정착시키는 방법은 무엇인지 알아본다. 여기에서 익힌 지식이 2장에서 목표로 삼은 변화를 위한 초석이 될 것이다.

습관은 뇌의 자동 반응이다

어떤 상황에서 특정 행동을 반복하면 우리 뇌는 이를 알아채고 그 과정을 자동화한다. 가령 이런 것이다.

"오호라, 알람이 울리니까 '다시 알림snooze' 버튼을 두 번 누르는구나? 앞으로도 쭉 그렇게 할 거 같으니까, 다음부턴 생각하지 않고도 자동으로 그 행동을 하게 해 줄게."

그런 다음 뇌는 그 상황에서는 그 행동이 나와야 한다는 걸 기억해 둔다. 이것이 습관이 형성되는 원리다. 좋은 습관이든 나쁜 습관이든 말이다.

습관은 우리 뇌에 다른 사람들, 자기 생각이나 감정, 행동, 주변 사물 등 특정 신호에 의한 자극이 가해질 때 일어나는 자동 반응이다. 신호를 발견하면(스마트폰 홈 화면에 있는 SNS 앱의 아이콘을 봄), 뇌는 즉시 기본값으로 설정된 행동을 일으킨다(앱을 열고 스크롤을 내리기 시작함). 습관은 빠르면서 효율적이고, 생각이 거의 필요하지 않아 쉽게 굳어진다.

정교하고 복잡한 습관의 비밀

심리학자들이 습관을 연구하기 시작한 건 심리학의 '창시자' 중 한 명인 윌리엄 제임스William James가 관련하여 여러 편의 시론試論을 썼던 19세기 후반이었다. 제임스는 우리 뇌는 경험을 통해 학습하며, 습관은 (1)행동을 조장하는 상황, 그리고 (2)습관이 될 때까지의 꾸준하고 반복적인 행동 수행, 이 두 가지 요인에 의해 형성된다고 주장했다. 그의 초기 견해는 이후 한 세기에 걸쳐 추가로 다듬어지기는 했지만, 아직까지도 습관의 기본 과학을 이해하는 데 영향을 미친다.

20세기 중엽까지 습관 연구는 동물이 학습하는 방식을 중점적으로 탐구했다. 이러한 연구를 바탕으로 1940년대에는 B. F. 스키너B. F. Skinner가 인간은 보상이 있는 행동은 반복하고 벌이 있는 행동은 반복하지 않을 확률이 높다는 이론을 전개했다. 1950년대와 1960년대가 되자 심리학 연구자들은 생각과 선택, 동기가 행동과 습관을 어떻게 바꾸는지 연구하기 시작했다. 그리고 남은 20세기에 걸쳐 주변 환경과 심리적 요소가 습관 형성에 영향을 주는 방식에 관한 연구가 계속되었다.

21세기에 들어서는 습관의 신경과학적 원리를 주제로 하는 연구가 폭발적으로 늘었다. 이제 우리는 습관이란 그저 하나의 선택된 행동을 수행하는 것 이상으로 정교하고 복잡한 심리적 현상이라는 사실을 안다. 습관은 보상과 벌, 생각, 동기, 그리고 기본적인 신경과학의 영향을 받는다(Graybiel, 2008).

습관이 만들어지는 세 단계 과정

여러 연구 덕분에 우리는 기본적으로 계기trigger, 행동behavior, 보상reward이라는 세 단계 과정을 거쳐 습관이 형성된다는 사실을 알게 되었다(Wood & Rünger, 2016). 더 자세히 살펴보자.

먼저 계기 또는 신호cue 단계가 있다. 신호는 알람이 울리거나 음식 냄새를 맡는 등 명확한 대상일 수도 있고, 특정 공간에 들어서거나 특이한 자세로 앉는 등 상대적으로 추상적인 대상일 수도 있다. 타인이 나에 관해 하는 이야기를 듣거나 특별한 사건을 경험하는 등 외부 자극에 의해 촉발될 수도 있고, 나의 생각이나 기억, 감정, 신체적 감각 등 내부 자극에 의해 촉발될 수도 있다.

신호는 행동으로 이어진다. 행동은 카페에 들르거나 다음 에피소드 보기를 계속 누르는 등 실제로 '하는' 행동은 물론, 헬스장에 가거나 식단에 채소를 넣는 등 '하지 않는' 행동도 포함한다.

마지막 단계인 보상 역시 첫 번째 단계처럼 원하던 크기의 옷을 입는 것과 같은 명확한 개념과 자존감을 높이거나 미래를 긍정적으로 전망하는 등 추상적인 개념 모두를 아우른다. 불편한 감정에서 해방되거나 골머리를 썩이던 생각에서 벗어나는 등 내적인 보상일 수도, 상사에게 칭찬을 듣거나 친구에게 격려를 받는 등 외적인 보상이 될 수도 있다.

실제 상황에 적용해 보자.

- 아침이다. 알람 소리에 눈을 뜨니 물먹은 솜처럼 피곤함에 절은 몸이 무겁다(신호). '다시 알림' 버튼을 누르고 싶은 욕구가 인다(행동). 그러면 좀 더 자고 하루를 늦게 시작할 수 있다(보상).

- 동네 헬스장 이름이 새겨진 티셔츠를 보자 운동을 하면 기운이 난다는 사실이 떠오른다(신호). 생각은 운동으로 이어지고(행동), 결과적으로 체력도 기르고 성취감도 얻는다(보상).

- 달력 애플리케이션의 알림을 보고(신호) 동료와 점심 약속을 잡아야 한다는 사실을 떠올린다(행동). 즐겁게 웃으며 맛있는 식사를 하고 머리도 쉬게 해준다(보상).

신호와 보상을 찾다 보면(단번에 눈에 들어오지는 않을 거다!) 거의 모든 습관이 이 과정에 들어맞는다는 걸 알 수 있다.

우리의 모든 면에 영향을 미친다

우리가 하는 대부분의 행동은 습관화된다. 따라서 전반적인 행복 역시 일상 속 습관과 깊게 연관돼 있다. 적극적으로 건강한 습관을 형성하면 우리의 정신적, 감정적, 신체적, 영적 기능에 변화가 생긴다. 기억력과 집중력이 향상되고, 체력 또는 정서적 안정감이 높아지며, 더 큰 목적에 연결돼 있다고 느낄 수 있다. 대부분의 습관은 여러 방면에서 동시에 영향을 준다. 예컨대 체력을 기르고자 운동하는 습관을 들이니 불안감이나 우울감이 감소하고 머리가 더 맑아지며 조용히 사색하는 시간을 확보하는 등의 부가적인 이점이 생기는 식이다.

마찬가지로 안 좋은 습관이 몸에 배거나 건강한 행동을 게을리해도 행복에 타격을 주며, 역시나 한 번에 여러 방면에서 결과가 나타날 수 있다. 좋은 삶에서 우리가 선택하는 습관이 아주 중요한 역할을 하는 까닭이다.

좋은 습관과 나쁜 습관의 차이

나쁜 습관은 누구에게나 있다. 이는 우리 삶의 일부이며, 매일을 살기 위해 통과해야 하는 과정의 일부다. 그렇지 않은가? 치실질을 건너뛰기도 하고, 밤늦게까지 잠들지 않기도 하고, 할 일을 미루고, 늘 과일과 채소를 챙겨 먹지도 않는다. 다들 그렇다. 남들이 볼 때 아무리 훌륭한 삶을 사는 사람이라 해도 스트레스를 겪지 않는 사람은 거의 없다. 스트레스는 유혹과 나쁜 습관에 더 관대해지게 만든다.

좋은 습관과 나쁜 습관의 차이는 그것이 당신의 가치관, 장기적 목표와 얼마나 궤를 같이하는지에 달려 있다. 자신이 소중히 여기는 가치와 목표가 명확하다면 습관을 통해 그러한 가치에 맞도록 삶을 조정하고 목표를 달성할 수 있다. 2장에서 가치관과 목표를 확실히 파악하여 그에 맞는 습관을 세우도록 도움을 줄 것이다.

좋은 습관이란 나의 가치관과 일치하거나 목표에 한 걸음 더 가까이 데려다주는 행동이다. 반대로 나쁜 습관은 장기적인 목표를 이루는 데 도움이 되지 않고, 심할 경우 이를 방해하거나 막는 행동을 의미한다. 예를 들어, 당신이 건강과 체력을 중시하는 사람이라고 하자. 지구력을 길러 가족과 함께 하이킹을 떠나는 일이 장기 목표라고 할 때, 좋은 습관이란 내일 헬스장에 들고 갈 운동복을 미리 챙겨 놓는 일일 것이다. 나쁜 습관은 밤늦게까지 스마트폰을 보는 일이 될 테고 말이다. 그러면 전날 밤 쉽사리 잠이 들지 못한 탓에 아침이 피곤해지고, 출근 전에 운동하러 가는 일과를 건너뛰고 싶은 유혹이 커질 것이다. 다른 예로 경제적 독립과 안정성을 중시하는 사람이 신용카드 대금 완납을 목표로 두고 있다고 하자. 이때 좋은 습관은 월급의 10퍼센트를 꼬박꼬박 저축하는 일이 될 것이다. 예산 따윈 무시하고 충동적으로 소비하는 행동은 당연히 나쁜 습관이다.

좋은 습관은 삶에 체계를 세운다

좋은 습관은 나의 가치관에 부합하는 삶을 살도록 도와주기도 하지만, 그 외에도 여러 이점이 있다.

단기간의 벼락치기 노력으로 달성한 게 아니라 꾸준히 습관을 길러 목표를 이루었다면, 그 결과를 오래도록 유지하고 싶은 건 당연한 일이다. 집 안에 잔뜩 쌓인 잡동사니를 정리하는 일이 목표라고 치자. 이때 어느 주말을 정해 한꺼번에 물건을 정리하는 것보다는, 물건을 한 개 새로 살 때마다 두 개 버리는 습관을 기르는 편이 집을 오랜 기간 깔끔하게 유지할 가능성이 높다. 봄맞이 대청소처럼 1년에 한 번 주말에 몰아서 정리해도 물론 도움은 되겠지만, 이것은 습관이라 할 수 없다. 당연히 꾸준히 할 가능성은 낮다.

더불어, 습관이 낳은 '결과'를 직접 보면 계속해야겠다는 동기부여가 된다. 아침마다 가벼운 스트레칭을 하니 통증이 줄어든다는 사실을 체감하면 앞으로도 쭉 스트레칭을 해야겠다는 의욕이 생긴다.

습관은 우리 삶에 체계를 세워 준다. 대부분의 습관은 시간과 관련이 있다. 보통 정해진 시간에 어떤 행동을 하거나, 하루 일과 중에 특정 행동이 포함되어 있지 않은가. 체계는 내가 중요하다고 여기는 대상에 집중하도록 해준다. 체계가 없으면 관심이 분산되어 텔레비전이나 SNS를 보는 등 별 의미 없는 활동에 만성적으로 시간을 쏟기 쉽다.

그저 습관의 문제가 아니라, 삶의 문제다

일상에 작은 변화만 생겨도 삶의 질이 높아지며 큰 변화로 이어질 수 있다. 가령 매일 일기를 쓰면서 정신 건강을 챙기면 삶의 다른 부분에도 도움이 될 수 있다. 당초 목표대로 감정 상태가 나아질 뿐만 아니라, 인간관계도 개선되고, 아플 때는 더 빠르게 회복하고, 생산성도 높아질 수 있다. 모든 좋은 습관에는 이러한 힘이 있다. 단 몇 가지라도 건강한 행동을 습관화하면 의도 이상의 결과를 얻을 수 있다. 그것이 대인관계가 될 수도 있고, 인지적 기능부터 직장 혹은 학교에서의 성과, 재정 상태, 수면의 질, 스트레스 관리, 감정적 안정감, 다이어트, 운동, 건강, 창의성, 생산성, 그리고 영적 건강에 이르기까지, 다양한 대상이 여기에 해당할 수 있다.

좋은 습관은 어떻게 유지할까?

좋은 습관이 몸에 배려면 두 가지 단계를 거쳐야 한다.

1단계: 원치 않는 습관이 자동 발현되는 것을 막는다

1단계를 성공하기 위해선 습관을 유발하는 신호를 파악하고, 원치 않는 습관이 발현되는 횟수가 줄어들도록 환경을 재편해야 한다. 가령 손톱 물어뜯는 버릇을 고치고 싶은 경우, 가장 먼저 해야 할 일은 손이 얼굴 근처에 접근하면 손톱을 물어뜯는다는 사실을 파악하고 손을 얼굴로 가져가지 않게끔 하는 방법을 찾는 것이다. 습관이 굳어질수록 우리 뇌는 주어진 상황에 점점 더 대응하지 않고 습관적인 반응을 반복한다. 그렇기에 오랜 습관을 고칠 때는 같은 신호에도 다른 반응을 내도록 자신을 훈련해야 한다. 손을 얼굴 근처로 가져가는 자신의 모습을 깨닫고 즉시 손의 위치를 바꾸는 것처럼 말이다.

2단계: 새 습관을 굳힌다

2단계는 새로운 행동을 시작하고 그것이 자동화될 때까지 유사한 상황에서 같은 행동을 반복하는 과정이다. 손톱 물어뜯는 버릇을 고치고 싶다면, 텔레비전을 볼 때 손을 놀리지 않도록 뜨개질을 하거나 피젯 토이fidget toy(손으로 계속 만지작거리며 가지고 노는 장난감 – 옮긴이)를 만지작대는 것이 대안이 될 수 있다. 이 두 단계를 거치고 나면 좋은 습관이 점차 생활화되기 시작할 것이다.

왜 습관 일기를 써야 할까?

안타깝지만 습관을 바꾸고 싶다는 마음만으로 결과를 낼 수는 없다. 습관은 의지만으로 바꾸기 어렵다. 그 이면에 숨겨진 심리학적 요인을 이해하여 자신에게 도움이 되는 방식으로 활용해야 한다. 바로 이 책이 필요한 이유다. 습관 일기나 비슷한 수단을 이용해 행동을 관찰하면 변화를 지속하는 데 실제로 도움이 된다는 것을 보여주는 강력한 연구 기반도 있다(Patel, Brooks & Bennet, 2019). 행동을 추적하면 발전 과정을 관찰할 수 있고, 고치려는 행동을 일으키는 신호를 포착할 수 있으며, 성공적인 습관 형성을 방해하는 문제를 발견할 수 있다. 이러한 요소들을 이해하는 것이 지속적인 변화를 위한 가장 좋은 방법이다.

왜 12주인가?

새로운 습관이 몸에 익는 데 필요한 정확한 기간은 오랜 시간 갑론을박의 대상이었다. 21일, 30일, 혹은 그쯤 걸린다는 이야기를 들어 본 적 있을지도 모르겠다. 그러나 연구 결과에 따르면 습관이 굳어지는 데에는 그보다 더 긴 시간이 필요하다.

습관 형성에 걸리는 시간에 영향을 주는 요소는 여러 가지가 있으나, 이 책에서는 12주 체계를 채택하려 한다. 몇 가지 이유가 있다. 첫째, 12주라는 기간은 당신이 바꾸려는 대상을 파악하고, 과정을 추적하고, 필요한 경우 목표를 수정할 충분한 시간을 제공한다. 둘째, 12주라는 구체적인 기간을 정해 놓고 전념하면 노력에 집중할 수 있는, 내가 통제할 수 있는 시간을 확보할 수 있다. 마지막으로 12주 동안 목표로 삼은 행동에 집중하면 점차 생각 없이도 행동하게 되고, 결국 자동화된다. 즉, 습관이 되는 것이다!

탄탄한 기초를 쌓은 뒤 이 책에서 배운 도구들을 활용하면 앞으로도 좋은 습관을 유지해 갈 수 있다.

습관 일기 활용법

버리고 싶은 오래된 습관이나 만들고 싶은 새 습관을 추적하는 데 이 책을 활용하자. 습관을 관찰하면 변화를 위해 노력하는 과정에서 일관성과 긍정적인 결과를 유지하는 데 도움이 된다.

먼저 도달하고자 하는 목표를 설정하면서 시작한다. 그다음, 여기에서 제시하는 여러 질문과 생각할 거리를 바탕으로 목표를 향해 전진하는 데 도움이 되는 건강한 습관과 이를 방해하는 나쁜 습관을 파악한다. 증거 기반의 다양한 조언을 참고하여 새로 형성한 건강한 습관을 내 것으로 만들고, 이 책이 던지는 생각할 거리에 답하며 자신의 오래된 나쁜 습관 뒤에 숨겨진 심리를 이해하고, 긍정 확언을 읽으며 스스로 계속해서 동기를 부여하고 과정을 지속해 나가자.

'하루 일기daily check-in', '주간 일기weekly check-in', '4주 차 점검 일기28-day check-in' 단계는 잘되고 있는 점을 평가하고 어려운 부분은 조정해 나가며 전반적인 과정을 꾸준히 관찰하고 추적하도록 도울 것이다. '4주 습관 점검 차트28-day habit chart'에는 세 개의 습관을 추적할 수 있는 공간이 있다. 자유롭게 활용해도 좋다. 추적하는 습관이 세 개 미만이라면 개수가 적은 만큼 더 집중적으로 접근하면 되고, 세 개를 넘는다면 페이지를 복사해서

추가로 관찰하면 된다. 이 습관 일기를 마치고 새 습관을 완전히 고착화시켜 그간의 노력에 대한 보상을 거둬들이자.

습관에 대한 다양한 질문들

아무리 의욕이 넘치고 시작할 준비가 되어 있다고 해도 각자의 상황에 따른 질문들이 있을 테다. 이 질문들이 해결되지 않으면 자기 의심으로 이어져 순조로운 진행이 방해될 수도 있다. 그런 독자들을 위해 새로운 습관을 형성하기 시작하는 과정에서 자주 묻는 질문에 대한 답을 정리했다.

Q **새로운 습관을 한 번에 한 가지 이상 시작해도 되나요?**

A 물론 한 번에 한 가지 이상의 새로운 습관을 만들기 시작해도 됩니다. 하지만 기억하세요. 최대한 단순해야 합니다. 한 번에 더 많이 바꾸려 할수록 뇌는 변화에 적응하기 힘들어합니다. 우선 한 가지만 가지고 시작한 다음, 그 습관이 완전히 내 것이 되었다는 생각이 들면 두 번째를 시도하는 편이 좋습니다.

Q **여행 중이거나 일과에서 벗어난 생활을 하는 경우, 어떻게 새로**

운 습관을 꾸준히 지켜 나갈 수 있나요?

A 여행 중이거나, 방학이거나, 또는 평상시의 일과를 유지할 수 없는 경우, 새로운 습관을 지켜 나가는 일은 당연히 어렵습니다. 하지만 대비책을 미리 마련해 두면 꾸준히 추진할 수 있습니다. 예를 들어, 주 3~4회 헬스장에 가는 습관을 들이려 하는 사람이 여행을 가게 된다면 하루에 30분은 산책을 하거나 유튜브 영상을 보며 하는 맨손 운동으로 대체하는 식으로 습관을 이어 나갈 계획을 미리 짜 놓는 거죠.

Q 깜빡하고 습관 일기를 쓰지 않았습니다. 괜찮을까요?

A 습관 일기와 관련해 사람들이 자주 겪는 문제 중 하나가 바로 깜빡하고 작성하지 않는 거예요. 하루를 건너뛰었다고 해서 아예 일기 자체를 포기하는 사람도 실제로 있습니다. 일기를 하루도 거르지 않고 작성하거나 완벽하게 써야 의미가 있다고, 혹은 일단 추진력이 한 번 꺼져 버리면 다시 시작하기 어렵다고 합리화하는 겁니다. 이렇게 생각하는 분이 계신다면 자신을 조금 더 너그럽게 대해 주세요. 완벽하지는 않지만 진전은 보이고 있다는 사실을 스스로에게 되뇌어 주세요. 더불어, 습관을 관찰하고 얻는 데이터는 아예 없는 것보다, 얼마 안 되어도 있는 편이 훨씬 더 도움이 됩니다.

Q 매일 일기를 쓸 시간이 없는데 어떻게 하죠?

A 예를 들어, 식사를 끝내자마자 설거지하는 습관을 들이는 게
목표라고 하면 이때는 사실 두 가지 습관을 기르는 것과 같
아요. 설거지하기, 그리고 습관 일기 쓰기죠. 2장에서 새로운
습관을 형성하고 장애물을 극복하는 데 도움이 되는 여러 조
언과 전략을 알려드릴 텐데요. 이때 도움이 되는 조언과 그
과정에서 발생할 수도 있는 장애물은 일기 작성에도 똑같이
적용됩니다. 그러니 일기를 쓸 시간이 없다고 생각되면 2장
에서 안내하는 전략들을 활용해 보세요.

행동을 추적하는 일에 "너무 큰 노력이 든다", "시간을 너
무 잡아먹는다" 내지는 "너무 지루하다"라고 생각하는 사람
이 많습니다. 매일 일기를 꽉꽉 채울 필요는 없어요. 기본적
인 사항을 점검할 시간밖에 없다면, 그 부분만 작성하고 나
머지는 넘어가세요. 안 쓰는 날이 있어도 괜찮아요. 하지만
며칠 연달아 습관 일기를 펼쳐보지 않았다면 애초에 그것을
쓰기 시작한 계기를 떠올리세요. 나의 가치관과 목표를 되
짚어 보고, 27쪽의 '왜 습관 일기를 써야 할까'를 다시 읽어
보세요.

Q 조금씩 해이해지는데, 어떻게 해야 하죠?

A 습관 일기 쓰기를 포기하는 주된 이유 중 하나는 내가 꾸준히 습관을 지키지 않았다는 것을 글로 쓰면서 인정하는 게 부끄럽기 때문입니다. 물론 며칠 혹은 몇 주 동안이나 마음먹은 일을 하지 못했다는 사실을 적다 보면 풀이 죽을 수 있죠. 그런데 이렇게 생각해 보세요. 그동안 여러분은 유용한 정보를 모으고 있던 거예요. 목표 달성을 방해하던 장애물이 무엇이었는지 적고, 실수를 실패가 아닌 배움의 기회로 바라보세요.

Q 포기하고 싶을 땐 어떻게 하죠?

A 마음을 단단히 먹으세요. 포기하고 예전으로 돌아가고 싶을 때가 올 거예요. 누구나 겪을 수 있는 과정입니다. 그런 마음이 들 때는 2장에서 안내하는 것처럼 여러분의 가치관과 목표를 되짚어 보며 이 여정을 시작하게 된 계기를 떠올리세요. 필요하다면 며칠 시간을 두고 마음을 가다듬은 다음, 이 새로운 습관이 나에게 중요한 이유에 대해 다시 집중하세요.

모든 준비를 마쳤다

이제 습관이란 무엇인지, 그 이면에 숨겨진 심리는 무엇인지, 습관은 어떻게 형성되며 우리 인생에 어떤 영향을 미치는지, 습관을 유지하도록 하는 원동력은 무엇인지 이해했으리라 믿는다. 다음 장에서는 목표를 설정하는 방법, 버리거나 고치거나 혹은 개선하고 싶은 습관을 선정하는 법을 배운다. 또한, 고치려는 행동을 더 자세히 들여다보는 데 도움이 되도록 습관 일기 작성 연습을 해 본다. 무엇을 해야 하는지 정확히 알고 나면 실제로 행동을 바꾸기 시작할 준비가 된 것이다. 2장에서 성공적인 습관 형성에 필요한 증거 기반의 조언과 전략을 알아보자.

처음에는 우리가 습관을 만들지만
나중에는 습관이 우리를 만든다.

존 드라이든 John Dryden

2장

삶을 바꾸는
시작의 습관

목표 + 노력 = 성공
목표를 설정하라. 그리고 시간과
비용, 에너지, 신뢰라는 값을 치를 각오를 해라.
그래야 성공할 수 있다. 기억하라.
승리triumph는 시도try와 달성umph,
두 단어로 이루어져 있다.

로버트 슐러Robert Schuller

Goal + Toll = SUCCESS.
Establish your goal. Be prepared to pay
the price in terms of time,
money, energy and credit-sharing,
and you'll succeed.
Remember: Triumph is made up of two words:
TRY and UMPH.

1장에서 우리는 신호와 보상의 심리학, 그리고 이 요소들이 습관을 유지해 주는 원리를 배웠다. 이제 실제 행동을 바꿔 보며 지식을 행동에 반영할 차례다. 2장에서는 내가 정확히 무엇을 바꾸고자 하는지 파악하며 이를 가능케 해 줄 계획을 세우고, 습관을 고치는 과정에서 흔히 마주하는 난관을 극복할 수 있도록 대비한다. 더불어, 새로운 습관을 형성하는 과정에서 쉽게 저지르는 실수를 미리 일러줄 테니, 이를 반복하지 않도록 유의하자.

나의 가치관은 무엇인가?

가치관은 삶을 이끄는 지침이다. 우리에게 가장 중요한 것을 반영하기 때문이다. 기본적으로는 우리가 시간을 보내는 방식에 가치관이 반영돼 있다. 그러나 안타깝게도 우리 행동은 때때로 이 경로를 벗어난다. 예를 들어, 대부분의 사람은 텔레비전보다 부모님을 더 소중히 여긴다. 그러나 '부모님께 안부 전화하기'와 '넷플릭스 보기'라는 선택지 사이에서 우리는 이따금 부모님께

전화하는 일은 미루고 〈오징어 게임〉에 푹 빠져 드라마를 몰아 보는 쪽을 택한다. 눈앞의 미래만 두고 보면 이렇게 사는 편이 더 즐겁고 편해 보인다. 그러나 나의 가치관에 부합하는 삶을 살면 인생이 더 긍정적으로 느껴지고, 전반적으로 더 중심 잡힌 삶처럼 느껴진다.

이 습관 일기를 활용해 기르고자 하는 습관을 정하기 전에, 나의 가치관을 정확히 파악하는 시간부터 갖자. 이건 무엇이 '맞다'거나 '최선'인지 맞추는 퀴즈가 아니다. 당신의 가치관을 세우는 데 맞고 틀린 건 없다. 대신, 가족이나 사회가 당신에게 요구하는 가치관이 아닌 당신이 진정 중요하게 여기는 게 무엇인지 고민하자.

다음 질문들의 답을 고민해 보자.

당신의 인생에서 가장 중요한 목표는 무엇인가? 어떤 사람으로 기억되고 싶은가?

....

....

....

....

....

....

다음의 항목을 중요하다고 여기는 순서에 따라 1(가장 중요함)부터 10(가장
덜 중요함)까지 번호를 매기자. 대부분 혹은 모든 항목이 중요하거나, 순서
를 정하기 어려울 수도 있다. 그러나 여러 가치 사이에서 어려운 선택을 하
며 스스로 도전하는 경험에서 깨달음을 얻을 수 있다.

☐ 가족 관계

☐ 교우 관계

☐ 연인 관계

☐ 일/경력

☐ 교육

☐ 개인의 성장 및 발전

☐ 취미 혹은 여가

☐ 영성 혹은 종교

☐ 내가 속한 공동체를 지원하는 일

☐ 건강

이제, 앞선 두 질문에 대한 답을 종합하여 자신이 가장 가치 있다고 여기는 것이 무엇인지 생각해 보자.

나를 위한 목표는 무엇인가?

가치관을 파악했다면 다음으로 목표를 설정하자. 가치관이 내가 원하는 삶의 방식을 깨닫도록 도와준다면, 목표는 미래상이 실현되도록 도와주는 행동들이다. 예컨대, 자신이 개인의 성장을 중요시하는 사람이라는 사실을 알았다면, 이제 자신감을 높이는 구체적인 전략을 얻는 데 도움이 되는 행동을 선택할 차례다.

　나의 가치관을 돌아보고 무엇을 달성해야 가치관에 더 부합하는 삶을 살 수 있는지 고민해 보자. 대표적으로 내 집 마련하기, 자동차 구매하기, 건강한 연인 관계 형성하기, 좋은 친구 사귀기, 현재 공과금 수준 유지하기, 교육 수료하기, 나의 가치를 높여줄 직업 찾기, 신앙에 충실하기, 가족·친구와 자주 만나기, 마음의 평화 찾기, 즐기며 살기, 체력 키우기, 잘 자고 상쾌한 상태로 일어나기, 내 몸에 자신감 갖기, 감정 조절하기 등의 목표를 설정할 수 있을 거다.

당신이 원하는 목표를 세워야 한다. 외부에서 영감을 얻는 건 좋지만, 목표 자체는 당신에게 중요한 대상을 반영해야 한다.

'당신'이 성취하려는 것은 무엇인가?

....

....

....

....

....

내가 고치려는 습관은 무엇인가?

습관은 목표 달성을 돕거나 반대로 방해하는 일상 속 여러 행동들이다. 예를 들어 자신감을 키우는 구체적인 전략을 얻고자 한다면, 관련 서적을 매일 조금씩 읽는 것은 목표 수행에 도움이 되는 습관이다. 전략을 익힐 시간이 없을 정도로 매일 몇 시간씩 게임에 매달리는 건 목표 달성을 방해하는 습관이다.

없애거나, 바꾸거나, 개선하고 싶은 습관에 관해 고민할 때는 우선 일상적으로 유지하고 싶은 습관과 버리고 싶은 습관이 무엇인지 파악하며 시작하자.

당신의 목표와 가치관을 고려할 때, 현재 지닌 습관 중 무엇이 당신을 방해하는가?

목표를 달성하는 데 도움이 될 건강한 습관에는 무엇이 있을까?

시작은 소소하게

변화의 방향을 확실히 정했다면 이번에는 시작점을 생각할 차례다. 새로운 습관을 정립하는 과정에서 이 단계를 가장 어렵게 느끼는 사람들도 있다.

새로운 습관을 들이기 시작할 때 자주 저지르는 큰 실수 중 하나가 동기와 기대감에 자극을 받아 단번에 대규모 변화를 꾀하는 것이다. 새해 다짐을 잘 지키지 못하는 이유가 여기에 있다. 시작부터 무섭게 치고 나가 꾸준히 하기 어려울 정도의 속도로 애를 쓰다가 결국 몇 주 만에 포기하는 이야기, 익숙하게 들리지 않는가.

습관을 완전히 체화하고 싶다면 작은 것, 생각보다 '훨씬' 더 작은 것부터 시작해야 한다. 이렇게 생각해 보자. 파일럿은 목적지에 안전하게 도착할 수 있도록 비행기의 속도와 방향을 아주 미세하게 조정한다. 큰 폭으로 조정하면 완전히 다른 곳에 도착하게 될 것이다.

습관도 마찬가지다. 새로운 습관을 들이겠다고 너무 큰 변화를 꾀하면 오로지 그것에만 집중할 수밖에 없다. 갑자기 주 5일, 하루에 한 시간씩 헬스장에서 운동을 하겠다는 건 다른 활동에 쓰던 5시간이 사라진다는 의미다. 대부분은 이 부분을 고려하지 않는다. 새로운 습관을 유지하려 애쓰다가 다른 일에 집중하지 못한다는 사실을 깨달으면 꾸준함을 잃게 된다.

미세하게 조정해 나가자. 현재 상황에서 가능한 가장 사소한 변화부터 적용하자. 우리 뇌와 신체, 그리고 일상이 변화에 적응할 시간을 주자. 그다음 다시 최대한 사소하게 바꿔 나가자. 매일 밤, 그날 감사했던 세 가지 항목을 기록하는 습관을 들이려 한다면 현재 나의 상황을 돌아보고 분량을 최대한 줄이자. 감사 일기를 전혀 쓰지 않던 사람에게 매일 반복되는 습관을 더하는 건 너무 큰 변화다. 그렇지 않아 보일지도 모르지만, 정말이다. 먼저 일주일에 '한 번', 그 주에 감사했던 일을 세 가지 적는 것으로 목표를 수정하자. 첫 주에 성공했다면 같은 과정을 한 주 더 반복하거나, 일주일에 일기를 '두 번' 작성하는 식으로 양을 아주 조금만 늘리자.

이 모든 과정을 통과하고도 습관을 들이는 데 실패했는가? 그 만큼 전에 없던 습관을 일상화하는 일이 어렵다는 의미다. 방해 요인이 무엇인지 돌이켜보고 그것을 조정한 다음, 같은 목표를 다시 도전하거나 더 쉬운 목표로 하향 조정하자. 매일 밤 그날 감사했던 '한 가지'만 적는 식으로 말이다.

당신이 원하는 행동을 현재 얼마나 자주 실행하고 있는가?

....

....

....

....

....

현재 상황에서 가능한 가장 작은 변화는 무엇인가?

....

....

....

....

이런 식이면 결승점에 도달하기까지 너무 오래 걸리겠다는 생각이 들 수도 있다. 그러나 《토끼와 거북이》를 떠올려 보라. 느려도 꾸준히 하니 이기지 않는가. 처음부터 무리하게 강제로 습관을 일상에 욱여넣다가는 몇 주 지나지 않아 경로를 이탈하고 말 거다. 새로운 습관에 천천히 익숙해지면서 이를 중심으로 일상을 조정하다 보면 일관성과 안정성을 쌓을 수 있다.

습관을 구체적으로 정의하자

어떤 습관을 고치고 싶은지도 알았고, 성공하려면 작은 변화부터 실천해야 한다는 것도 알았다. 이제 습관을 구체화할 차례다. 습관을 성공적으로 형성할 가능성을 높이려면 다섯 가지 기준을 따라야 한다. 각 기준의 앞 글자를 따 'SMART 기준'이라 부른다.

먼저, 습관은 **구체적**specific이어야 한다. **정확히 무엇을 하고 싶은가?** 그냥 '읽기'는 명확하지 않다. 페이스북에 올라온 뉴스를 읽겠다는 건가? 반면 '책 읽기'는 조금 더 구체적이다.

둘째, 습관은 **측정 가능**measurable해야 한다. **목표에 숫자를 넣어 실행 여부를 확인할 수 있어야 한다는 의미다.** '하루에 15분 읽기'는 측정 가능한 기준이다. 시간을 재 행동을 완수했는지 판단할 수 있기 때문이다. 습관은 지속 시간(10분 동안 명상하기), 양(물 1.5리터 마시기), 빈도(선행 세 가지 하기)를 기준으로 측정할 수 있다. 연속된 기간(3일 연속 치실질하기)이나 횟수(일주일에 세 번 치실질하기), 둘 중 하나를 기준으로 측정할 수 있는 습관도 있다.

셋째, 습관은 **달성 가능**attainable해야 한다. **지금 내가 할 수 있는 행동보다 조금만 더 어려운 일을 목표로 해야 한다.** 독서를 전혀 하지 않던 사람에게 '매일 한 시간 책 읽기'는 달성 가능한 목표가 아니다. 하지만 '일주일에 세 번, 15분 동안 책 읽기'는 달성할 가능성이 비교적 높다.

넷째, 개인적인 **연관성**relevant이 있어야 한다. 가족이나 친구 혹은 내가 속한 사회가 아닌, **나에게 중요한 일이어야 한다는 뜻이다.** 만약 당신이 개인의 성장에 시간을 할애하는 것을 중요시하고 자신감 증진을 목표로 삼고 있다면, 독서는 개인적인 중요성을 지니는 습관일 테다.

마지막으로, **기한이 있어야** time-limited 한다. **습관을 확실히 체화할 목표 시점이 있어야 한다는 의미다.** 이 습관 일기는 당신이 지속 가능한 방식으로 목표를 향해 나아가고 정해진 시간 동안 꾸준히 기록할 수 있도록, 12주 과정으로 구성된 틀을 제공하여 다섯 번째 기준을 더 쉽게 지키도록 돕는다.

SMART 기준에 맞춰 습관을 구체적으로 정의하면 이런 형태가 된다. "자신감을 증진하고 개인적 성장에 시간을 투자하고자 하는 나의 목표를 위해(연관성) 12주 동안(기한) 일주일에 세 번(달성 가능) 각 15분씩(측정 가능) 독서하는(구체적) 습관을 들이자."

SMART 기준을 적용해 당신의 습관을 구체적으로 정의하자.

S(구체적)
....
....
M(측정 가능)
....
....
A(달성 가능)
....
....
R(연관성)
....
....
T(기한)
....
....

이 습관이 목표를 이루는 데 어떤 도움이 될까?

습관은 고치거나 새로 만들기 어려운 것으로 악명이 높다. 그러나 습관이 목표 달성에 어떤 식으로 기여하는지 명확히 이해하고 나면 성공 확률은 더 높아진다. 앞선 내용을 통해 습관이 어떤 방식으로 목표와 연결되는지 짚어 보았다. 이 기준은 습관을 성공적으로 형성하는 데 무척 중요하므로, 조금 더 자세히 살펴볼 필요가 있다.

버리거나, 고치거나, 개선하고 싶은 습관이 무엇인지 정했으니, 이제 이 습관이 내 가치관에 부합하는 삶을 사는 데 어떤 식으로 도움이 될지 생각해보자. 이 습관은 당신의 삶에 어떤 가치를 더해줄까?

수년이 지난 뒤에도 이 습관은 당신에게 의미가 있을까? 미래에도 당신이 중요시할 여러 목표와 가치관 중에서 무엇을 뒷받침하고 있을까?

습관 만들기를 시작할 때 생각해 볼 것들

지금까지 바꾸기로 선택한 습관이 어떤 식으로 개인적인 목표, 그리고 삶을 형성하는 가치관과 직접적으로 연결되는지 파악해 보았다. 이 관계를 이해하는 건 성공적으로 습관을 형성하는 데 굉장히 중요하다. 이제 습관을 더 깊이 검토하는 데 도움이 되는 주제들을 살펴보자.

공책을 하나 따로 마련하거나 컴퓨터에 문서 파일을 하나 만들자. 휴대전화에 메모를 생성해도 좋다. 그곳에 다음에 제시된 주제들을 읽고 생각을 정리해 보자. 이 주제들은 지금 하나하나 살펴봐도 되고, 습관을 추적하기 시작할 때 다시 돌아와도 된다.

1. 습관이 계속되는 건 사람이나 활동, 냄새, 감정 등 주변 환경에 의해 촉발되기 때문이다. 바꾸려는 습관이 촉발되기 전, 당신의 일상에 무슨 일이 벌어지는가? 어떤 신호가 그 습관을 일으키는가?

2. 습관을 일상에 흡수시키는 일은 생각 외로 어렵다. 며칠은 억지로 실천할 수 있다. 그러나 장기간 유지하려면 몇 가지를 조정해야 한다. 일정, 여러 활동, 그리고 '자기 자신'을 조

금씩 바꿔야 지속할 수 있다. 습관이 삶의 일부가 되어 지속되게 하려면 무엇을 하고, 무엇을 바꿔야 할까? 당신은 어떤 사람이 되어야 할까?

3. 솔직해지자. 새로운 습관이 몸에 익는 걸 방해하는 주요 요인 중 하나는 우리 자신이다. 핑계를 대고 비현실적인 기대를 품거나, 자기 파괴적인 생각을 믿거나 즉각적인 만족을 우선시하는 자기 자신 말이다. 나는 어떻게 나를 방해하는가? 성공적인 습관 형성을 방해하는 가장 큰 장애물은 무엇인가?

4. 맘처럼 되지 않아 속상할 때, 우리는 자기 이름을 부르거나("멍청한 ○○○같으니라고", "○○○, 이 느려 터진 인간아") 자기를 비하하는 투의 언어를 사용한다("넌 어떻게 제대로 하는 게 없냐", "어휴, 이렇게 쉬운 일을 왜……").
안됐지만 이런 부정적인 자기 대화는 습관이 체화되는 걸 더 어렵게 만든다. 저도 모르게 자책하려 할 때마다 긍정적인 자기 대화를 시도해 보자. 속상할 때, 자신에게 어떤 격려의 말을 해 줘야 동기가 부여될까?

5. 습관을 새로 들이려면 다른 활동에 사용하던 시간을 할애해 투자해야 한다. 별 계획 없이 일정을 조정하지 않고 새로운 습관을 실행하면 그 시간에 원래 하던 일에 소홀해지게 될 수도 있다.

예컨대 원래는 집을 청소하던 시간을 지금은 명상에 쓴다 고 하자. 이 경우, 명상이라는 새 습관을 유지하지 못할 가능 성이 높다. 지저분한 집 안의 모습이 눈에 들어오기 시작하 면 명상을 계속해야 하는지에 대한 회의가 들 수도 있기 때 문이다. 그러나 일정을 계획해 두면 명상과 청소, 혹은 그 외 활동을 모두 수행할 시간을 확보할 수 있다.

지금 새로운 습관에 투자하는 시간을 원래는 어떤 용도로 사용하곤 했는가? 그 활동은 어떻게 해야 앞으로도 계속할 수 있을까?

6. 감정은 습관을 형성하고 유지하는 데 중요한 역할을 한다. 애초에 나쁜 습관이 드는 것도 스트레스나 불안과 같은 불 편한 감정을 피하기 위해서다. 습관을 새로 들이는 게 어려 운 이유도 그 과정에서 파생되는 불확실성이나 좌절 등의 또 다른 불편한 감정과 마주해야 하기 때문이다. 습관을 실 천할 때, 혹은 실천하지 않을 때 어떤 감정을 느끼는가? 어

떤 대처법을 활용해 그러한 감정을 다룰 수 있을까?

7. 습관은 삶에 의미를 더해 줄 때 비로소 가치를 지닌다. 이렇게 더해진 가치는 돈을 절약하는 것일 수도, 감정적 안정감을 높이는 것일 수도, 대인관계를 개선하는 것이 될 수도 있다. 새로운 습관이 당신의 삶에 더해 주길 바라는 가치는 무엇인가?

8. 습관을 고치려 잠깐이라도 시도해 본 사람은 처음 며칠 동안의 성과를 유지하는 게 점점 어려워진다는 사실을 알 것이다. 아마 첫 주에는 매일같이 새벽 5시에 일어나 헬스장으로 향했을 것이다. 하지만 시간이 지나면서 '다시 알림' 버튼을 누르는 자신을 발견했을 거다. 이는 아주 당연한 현상이며, 습관 바꾸기 여정의 다음 단계에 접어들었음을 암시한다.
    현재 당신이 마주한 과제는 무엇인가? 이 과제를 해결해 우리의 여정이 방해받지 않도록 하는 게 중요하다. 어떻게 해야 당면한 과제를 극복할 수 있는가?

9. 예기치 않은 일이 발생해 방해받는 때는 반드시 오게 마련

이다. 습관을 지키려는 의지는 충분하지만, 몸이 아프거나, 야근을 해야 하거나, 갑자기 도움을 필요로 하는 친구의 부름에 응해야 하는 경우가 발생할 수 있다. 돌발 상황에 대비해 계획을 세워 놓자.

일상이 깨지는 경우, (1)무슨 일이 있어도 정해 놓은 습관을 지키거나, 혹은 (2)돌발 상황을 처리하고 최대한 신속하게 습관을 지키는 일상으로 돌아가기 위한 대비책은 무엇이 있을까?

10. 지금까지 긴 시간을 들여 이 습관을 나의 일상에 포함시키고 싶은 이유를 고민했다. 습관을 꾸준히 지키는 데 어려움을 겪을 때는 이것을 지키지 않으면 어떤 일이 발생할지 떠올려 보는 것도 좋다. 이 습관을 나의 생활에 흡수시키는 법을 배우지 않으면 내가 놓치게 될 것은 무엇인가? 이 여정을 왜 계속해야 하는가?

습관을 만들 때 도움이 되는 조언들

이제 만들거나 없애고 싶은 습관을 구체적으로 이해하게 되었으니, 습관을 형성하는 데 도움이 되는 과학적 연구 기반의 전략이 필요하다. 1장에서 우리는 습관을 고치기 어렵게 만드는 모든 요인을 알아봤다. 여기에서는 성공적인 습관 형성을 위한 몇 가지 조언과 도구를 안내하려 한다. 다음의 내용을 시작하는 단계에서 우선 한 번 읽고, 여정을 계속하는 동안 주기적으로 다시 읽으며 기억을 환기하자.

1. 우리 뇌는 스트레스나 피로로 인해 에너지가 떨어질 때 습관에 기대며, 충분히 생각하고 행동을 택하는 능력도 저하된다. 유혹이 될 만한 대상을 제거하고 뇌가 쉽게 선택할 수 있도록 하여 습관 형성에 도움이 되는 환경을 조성하자. (즉, 뇌가 자동으로 결정할 수 있게 해주자는 말이다!) 스마트폰에 앱이 설치돼 있지 않으면 SNS를 보는 시간을 줄이기 더 쉬워지지 않겠는가.

2. 습관을 고치려는 시도가 처음부터 100퍼센트 성공적이지는 않을 것이다. 하루 일기와 주간 일기, 4주 차 점검 일기를 다시 읽어 보면 며칠, 심지어 몇 주 동안 힘들어하는 때도 있을 거다. 아주 당연한 현상이다. 유감스럽게도 우리 뇌는 행동 변화를 적극적으로 지원하지 않는다.
   습관을 고치는 과정에서 장애물이나 방해 요소를 만나는 건 정상이라고 계속해서 스스로에게 말해 주자. 완전하지 않은 자신을 받아들이자. 그리고 전체적인 관점에서 진전을 보인다는 점에 집중하자.

3. 가능하면 습관 일정을 짜자. 연구에 따르면, 활동 일정을 계획해 두면 즐겁지 않은 활동이라 해도 실행할 확률이 높아진다. 언제 할지 정해 놓고 꾸준히 실행하기 쉬운 환경을 조성하자. 달력에도 표시하자. 이렇게 하면 실천하는 데 필요한 시간을 확보할 수 있고, 미루다가 결국 하지 않게 되는 상황도 피할 수 있다.

4. 습관이 몸에 잘 익지 않는다면, 욕심이 과하기 때문일 수도 있다. 목표 자체는 지극히 합리적이나 지금껏 꾸준함을 유지하지 못했다면, 그 목표는 현재로서는 달성하기 어렵다는 뜻이다. 목표의 난도를 절반으로 낮추자. 일주일에 나흘 운동하는 목표를 잘 지키지 못한다면 이틀만 해 보자. 그리고 한 번에 하나의 목표에만 집중하자.

5. 망각은 새로운 습관을 들이고 유지하는 것을 방해하는 주된 장애물 중 하나다. 습관 유형에 따라 실천하는 시간을 알 수

있도록 알람이나 할 일 애플리케이션 등을 활용하자. 떠오를 때 바로 실행하는 것도 방법이다. 설거지 미루는 습관을 고치고자 한다면 "아, 조금 있다가 하지 뭐"라고 생각하지 말고, 싱크대를 지나는 순간 바로 설거지를 하자. 최대한 눈에 띄게 만드는 것도 좋다. 방 청소를 더 자주 하고 싶다면 눈에 띄는 곳에 청소기를 두자.

6. 시각화를 활용해 실천하기 어려운 습관에 대비하자. 시각화 기술은 운동선수들이 경기장에 나서기 전에 활용하는 방법이다. 습관을 실천하기 위해 준비하는 나의 모습, 그리고 실천하는 모습을 머릿속에 그리면 된다. 조급해 할 필요 없다. 더 사실적이고 구체적으로 시각화할수록 효과도 크다. 이 전략은 습관을 실제 행동으로 옮기도록 두뇌를 정신적으로 준비시킨다.

7. 가끔은 습관을 실천하는 모습을 잠시 떠올리는 것만으로도 뇌는 그것을 하지 말라고 우리를 설득하기 시작한다. 운동처럼 다량의 에너지가 요구되는 습관일수록 더 그러하다. 이렇듯 뇌가 우리를 저지할 때, 자문해 보자. '미래의 나'는 현재의 내가 어떤 선택을 내리길 원할까? '미래의 나'는 지

금 내가 헬스장에 가기를 원할까, 아니면 드라마를 한 편 더 보기를 원할까? 이 질문에 대한 답을 이용해 행동을 취하자.

8. 습관을 들이고 유지하는 건 단순히 행동을 바꾸는 문제가 아니다. 감정을 관리하는 문제이기도 하다. 전에 없던 습관을 몸에 익히려 할 때 우리는 지루해질 수도, 의욕이 생기지 않을 수도 있고, 왜 계속해야 하는지 확신이 들지 않을 수도 있다.

   이런 감정들을 무시하는 건 성공적인 습관 형성에 방해가 된다. 즉시 해결하자. 현재 내가 느끼는 감정이 정확히 무엇인지 파악하고, 나에게 동기를 부여해 줄 긍정 확언을 활용해 대처하자. 지금 느껴지는 여러 감정은 불편하기는 하지만, 나에게 해가 되지는 않는다고 스스로에게 말해 주자. 호흡 훈련을 통해 마음을 진정시켜도 좋고, 그 외 평소에 자주 활용하는 대처 방법을 적용해도 좋다.

9. 자기 파괴적인 사고를 알아차리고, 이를 다른 생각으로 대체하자. "하기 싫다" 혹은 "어떻게 해야 할지 모르겠어", "남들도 이 정도는 다 하던데, 나도 할 수 있어야지" 등, 하등의 도움이 되지 않는 생각이 머릿속에서 떠다니고 있는 게 느

껴지면 자신에게 이 사실을 알려 주자. 그리고 각 문장 뒤에 '아직'이나 '하지만'을 붙여 보자. 그러면 "하기 싫다"는 "하기 싫다. '하지만' 이건 내게 중요한 일이고, 나는 힘든 일도 해낼 수 있는 사람이야"가 된다. "어떻게 해야 할지 모르겠어"는 "어떻게 해야 할지 모르겠어. '아직은 그렇지만', 경험을 통해 나는 배우는 중이야"가 된다.

10. 여정을 함께 할 동지를 구하자. 습관을 계속해서 상기하고, 여정을 계속할 동기를 키우고, 목표 달성 가능성을 높일 수 있다. 내가 꾸준히 실천하고 있는지 점검하고 궤도를 벗어나면 방향을 바로 잡아 줄 믿을 만한 한 사람을 정하자. 습관을 잘 지키면 나에게 돌아올 보상으로 무엇이 좋을지도 함께 고민해 보면 좋다.

포기하고 싶을 때 힘이 되는 조언들

이 책을 통해 집중하고자 하는 습관들은 모두 제각각이겠지만, 그 과정에서 모두에게 유용할 핵심적인 개념 몇 가지를 소개한다.

1. 시작할 때 가장 많이 저지르는 실수가 목표를 너무 크게 잡는 것, 그리고 장기적으로 지속하기 어려운 행동을 택하는 것이다. 초기 목표는 사소하고 단순하게 정하자. 더 어려운 단계로 올라가기 전에 '쉬운' 것부터 해 내자. 언뜻 쉬워 보이는 일도 실제로 하려면 얼마나 어려운지, 알고 나면 꽤 놀랄 거다.

2. 그다음으로 많이 저지르는 실수는 습관 추적을 너무 빨리 멈추는 것이다. 조금 추진력이 붙었다고, 조금만 잘하고 있다고 느껴지기 시작하면 '잘하고' 있게끔 도와주던 바로 그 수단(습관을 추적하고 습관 일기를 작성하는 등)에 해이해진다. 해이함의 덫에 빠지지 않도록 행동이 완전히 체화되고 나서도 '한동안은' 자기 행동을 추적하자. 이 책에서 안내하는 조언과 도구는 생각보다 훨씬 더 오래 활용해야 한다. 진행 상황을 유지하는 데 도움이 될 것이다.

3. 최대한 구체적으로 계획하자. 1장에서도 이야기했지만, 어떤 행동이 습관화되려면 저도 모르게 자동으로 그 행동을 취하게 될 때까지 꾸준히 반복해야 한다.
   언제, 어떻게 습관을 실천할지, 장애물은 어떻게 처리할지 계획을 세워 놓으면 꾸준함을 유지하는 데 도움이 된다. 습관이 일상의 일부가 되려면 무엇을 해야 하는지, 혹은 무엇을 바꿔야 하는지 고민하자. 그리고 발생 가능한 모든 장애물은 제거해 놓자. 장벽을 마주하거나 며칠 내지는 몇 주 고비를 겪는 순간이 와도 스스로에게 관대해지자.

이 책에서 제시하는 긍정 확언을 활용해 자기비판과 싸워 내자. 내면의 자신이 어떤 거짓말을 하든, 비판보다는 격려가 성공을 부를 확률이 더 높다.

4. 시작하기에 완벽한 타이밍은 없다. 월요일이 와도, 새해가 되어도, 학기 말이 되어도, 습관을 새로 들이기에 더 좋은 마법의 순간은 오지 않는다. 언제 시작하기로 마음을 먹든 간에, 어쨌든 스트레스는 받을 테고 당신의 눈길을 사로잡는 더 재미있거나 중요해 보이는 일은 나타날 것이다. 이러한 상황을 통제하는 법을 익히는 것도 습관 형성 과정의 일부다. 시작하기에 오늘보다 더 좋은 날은 없다는 점을 명심하자.

5. 새로운 습관을 기르는 전체 과정 중 쉬운 부분은 없다는 점을 이해하고 시작하자. 이 습관 일기는 당신이 성공적으로

습관을 형성할 확률을 크게 높여 주는 연구 기반의 전략들을 안내하는 길라잡이다. 그러나 행동을 바꾸는 데 지름길은 없다.

우리 뇌는 변할 수 있다. 그러나 하루아침에 변하는 건 아니다. 습관을 새로 들이려면 지속적으로 노력해야 함은 물론, 어느 정도의 '시간'도 필요하다. 그러니 습관을 고치기로 이왕 마음을 먹었다면 습관 일기에 습관을 기록하는 동안은 꾸준히 할 것, 그리고 그 과정에서 어려움과 역경이 발생할 수 있으며 패배감을 느끼는 때도 있으리라는 것을 주지하며 각오를 다지자.

비교적 단순한 습관은 더 빨리 목표에 다다를 수도 있고, 더 큰 그림을 염두에 둔 목표라면 시간이 더 걸릴 수도 있다. 하지만 확고한 다짐과 올바른 마음가짐이 있다면 반드시 성공할 수 있다.

3장

새로운 시작을 위한
습관 일기

DAY 1

날짜 _____ / _____ / _____

오늘의 감사 일기 _____

_____

_____

오늘의 습관 목표 _____

_____

_____

오늘 나는 얼마나 의욕적인가?

☐ 1 어떻게 되든 상관없다.

☐ 2 아, 힘들 거 같은데……

☐ 3 의욕이 넘치는 건 아니지만, 할 수 있을 것 같다.

☐ 4 할 수 있다, 자신 있다!

☐ 5 두근두근, 기대된다!

감정(하나에 동그라미 치기) 😃 🙂 😐 🙁 😫

오늘 내 습관에 영향을 미친 상황, 사람, 감정, 생각, 기타 행동

_____

_____

_____

일일 습관 점검: 아래에 습관을 적고('8시간 수면' 등) 실천했다면 체크 표시하자.

○ _____   ○ _____

○ _____   ○ _____

○ _____   ○ _____

○ _____   ○ _____

○ _____   ○ _____

DAY 2

날짜　　　　／　　　　／

오늘의 감사 일기

오늘의 습관 목표

오늘 나는 얼마나 의욕적인가?

☐ 1 어떻게 되든 상관없다.
☐ 2 아, 힘들 거 같은데……

☐ 3 의욕이 넘치는 건 아니지만,
　　　할 수 있을 것 같다.
☐ 4 할 수 있다, 자신 있다!
☐ 5 두근두근, 기대된다!

감정(하나에 동그라미 치기)　😃　🙂　😐　🙁　😣

오늘 내 습관에 영향을 미친 상황, 사람, 감정, 생각, 기타 행동

일일 습관 점검: 아래에 습관을 적고('8시간 수면' 등) 실천했다면 체크 표시하자.

○
○
○
○
○

○
○
○
○
○

DAY
3

날짜 _____ / _____ / _____

오늘의 감사 일기 _____

_____

_____

오늘의 습관 목표 _____

_____

_____

오늘 나는 얼마나 의욕적인가?

☐ 1 어떻게 되든 상관없다.

☐ 2 아, 힘들 거 같은데……

☐ 3 의욕이 넘치는 건 아니지만, 할 수 있을 것 같다.

☐ 4 할 수 있다, 자신 있다!

☐ 5 두근두근, 기대된다!

감정(하나에 동그라미 치기) ☺ ☺ ☺ ☹ ☹

오늘 내 습관에 영향을 미친 상황, 사람, 감정, 생각, 기타 행동

_____

_____

_____

일일 습관 점검: 아래에 습관을 적고('8시간 수면' 등) 실천했다면 체크 표시하자.

○ _____   ○ _____
○ _____   ○ _____
○ _____   ○ _____
○ _____   ○ _____
○ _____   ○ _____

DAY
4

날짜 _____ / _____ / _____

오늘의 감사 일기 ....

....

....

....

오늘의 습관 목표 ....

....

....

오늘 나는 얼마나 의욕적인가?

☐ 1 어떻게 되든 상관없다.

☐ 2 아, 힘들 거 같은데……

☐ 3 의욕이 넘치는 건 아니지만, 할 수 있을 것 같다.

☐ 4 할 수 있다, 자신 있다!

☐ 5 두근두근, 기대된다!

감정(하나에 동그라미 치기) 😃 🙂 😐 🙁 😣

오늘 내 습관에 영향을 미친 상황, 사람, 감정, 생각, 기타 행동

....

....

....

일일 습관 점검: 아래에 습관을 적고('8시간 수면' 등) 실천했다면 체크 표시하자.

○ .... ○ ....

○ .... ○ ....

○ .... ○ ....

○ .... ○ ....

○ .... ○ ....

DAY 5

날짜 _____ / _____ / _____

오늘의 감사 일기 _____

_____

_____

_____

오늘의 습관 목표 _____

_____

_____

오늘 나는 얼마나 의욕적인가?

□ 1 어떻게 되든 상관없다.
□ 2 아, 힘들 거 같은데……

□ 3 의욕이 넘치는 건 아니지만,
　　　할 수 있을 것 같다.
□ 4 할 수 있다, 자신 있다!
□ 5 두근두근, 기대된다!

감정(하나에 동그라미 치기) 😀 🙂 😐 🙁 😣

오늘 내 습관에 영향을 미친 상황, 사람, 감정, 생각, 기타 행동

_____

_____

_____

일일 습관 점검: 아래에 습관을 적고('8시간 수면' 등) 실천했다면 체크 표시하자.

○ _____　　○ _____
○ _____　　○ _____
○ _____　　○ _____
○ _____　　○ _____
○ _____　　○ _____

DAY 6

날짜 _____ / _____ / _____

오늘의 감사 일기 ....

....

....

....

오늘의 습관 목표 ....

....

....

오늘 나는 얼마나 의욕적인가?

☐ 1 어떻게 되든 상관없다.
☐ 2 아, 힘들 거 같은데……

☐ 3 의욕이 넘치는 건 아니지만, 할 수 있을 것 같다.
☐ 4 할 수 있다, 자신 있다!
☐ 5 두근두근, 기대된다!

감정(하나에 동그라미 치기) 😄 🙂 😐 🙁 😣

오늘 내 습관에 영향을 미친 상황, 사람, 감정, 생각, 기타 행동

....

....

....

일일 습관 점검: 아래에 습관을 적고('8시간 수면' 등) 실천했다면 체크 표시하자.

○ ....   ○ ....
○ ....   ○ ....
○ ....   ○ ....
○ ....   ○ ....
○ ....   ○ ....

DAY 7

날짜 _____ / _____ / _____

오늘의 감사 일기 _____

_____

_____

_____

오늘의 습관 목표 _____

_____

_____

오늘 나는 얼마나 의욕적인가?

☐ 1 어떻게 되든 상관없다.

☐ 2 아, 힘들 거 같은데……

☐ 3 의욕이 넘치는 건 아니지만,
　　　할 수 있을 것 같다.

☐ 4 할 수 있다, 자신 있다!

☐ 5 두근두근, 기대된다!

감정(하나에 동그라미 치기) 😀 🙂 😐 🙁 😫

오늘 내 습관에 영향을 미친 상황, 사람, 감정, 생각, 기타 행동

_____

_____

_____

일일 습관 점검: 아래에 습관을 적고('8시간 수면' 등) 실천했다면 체크 표시하자.

○ _____　　　○ _____

○ _____　　　○ _____

○ _____　　　○ _____

○ _____　　　○ _____

○ _____　　　○ _____

WEEK 1

날짜   /   /

이번 주 습관 목표

이번 주 목표로 한 습관 중 잘 지킨 것

이번 주 목표로 한 습관 중 지키기 어려웠던 것

이번 주 나의 습관에 영향을 미친 생각, 감정, 상황

다음 주에 보완할 점

목표 습관을 지키면 나에게 도움이 되는 점

다음 주 습관 목표

매일 하는 일을 바꾸지 않으면 인생은 바꿀 수 없다.
성공의 비결은 일상에 있다.
존 C. 맥스웰John C. Maxwell

DAY 8

날짜 .... / .... / ....

오늘의 감사 일기 ....
....
....
....

오늘의 습관 목표 ....
....
....
....

오늘 나는 얼마나 의욕적인가?

☐ 1 어떻게 되든 상관없다.
☐ 2 아, 힘들 거 같은데……

☐ 3 의욕이 넘치는 건 아니지만,
　　　할 수 있을 것 같다.
☐ 4 할 수 있다, 자신 있다!
☐ 5 두근두근, 기대된다!

감정(하나에 동그라미 치기) 😃 🙂 😐 🙁 😣

오늘 내 습관에 영향을 미친 상황, 사람, 감정, 생각, 기타 행동

....
....
....

일일 습관 점검: 아래에 습관을 적고('8시간 수면' 등) 실천했다면 체크 표시하자.

○ ....   ○ ....
○ ....   ○ ....
○ ....   ○ ....
○ ....   ○ ....
○ ....   ○ ....

DAY 9

날짜 _____ / _____ / _____

오늘의 감사 일기 ....

....

....

....

오늘의 습관 목표 ....

....

....

오늘 나는 얼마나 의욕적인가?

☐ 1 어떻게 되든 상관없다.
☐ 2 아, 힘들 거 같은데……

☐ 3 의욕이 넘치는 건 아니지만, 할 수 있을 것 같다.
☐ 4 할 수 있다, 자신 있다!
☐ 5 두근두근, 기대된다!

감정(하나에 동그라미 치기) ☺ ☺ ☺ ☹ ☹

오늘 내 습관에 영향을 미친 상황, 사람, 감정, 생각, 기타 행동

....

....

....

일일 습관 점검: 아래에 습관을 적고('8시간 수면' 등) 실천했다면 체크 표시하자.

○ ....   ○ ....
○ ....   ○ ....
○ ....   ○ ....
○ ....   ○ ....
○ ....   ○ ....

DAY 10

날짜 _____ / _____ / _____

오늘의 감사 일기 ....

....

....

....

오늘의 습관 목표 ....

....

....

오늘 나는 얼마나 의욕적인가?

☐ 1 어떻게 되든 상관없다.

☐ 2 아, 힘들 거 같은데……

☐ 3 의욕이 넘치는 건 아니지만, 할 수 있을 것 같다.

☐ 4 할 수 있다, 자신 있다!

☐ 5 두근두근, 기대된다!

감정(하나에 동그라미 치기) 😃 🙂 😐 🙁 😣

오늘 내 습관에 영향을 미친 상황, 사람, 감정, 생각, 기타 행동

....

....

....

일일 습관 점검: 아래에 습관을 적고('8시간 수면' 등) 실천했다면 체크 표시하자.

○ ....   ○ ....

○ ....   ○ ....

○ ....   ○ ....

○ ....   ○ ....

○ ....   ○ ....

DAY 11

날짜 _____ / _____ / _____

오늘의 감사 일기 ....

....

....

....

오늘의 습관 목표 ....

....

....

오늘 나는 얼마나 의욕적인가?

☐ 1 어떻게 되든 상관없다.

☐ 2 아, 힘들 거 같은데……

☐ 3 의욕이 넘치는 건 아니지만, 할 수 있을 것 같다.

☐ 4 할 수 있다, 자신 있다!

☐ 5 두근두근, 기대된다!

감정(하나에 동그라미 치기) 😃 🙂 😐 🙁 😣

오늘 내 습관에 영향을 미친 상황, 사람, 감정, 생각, 기타 행동

....

....

....

일일 습관 점검: 아래에 습관을 적고('8시간 수면' 등) 실천했다면 체크 표시하자.

○ .... ○ ....

○ .... ○ ....

○ .... ○ ....

○ .... ○ ....

○ .... ○ ....

DAY 12

날짜 _____ / _____ / _____

오늘의 감사 일기 _____

_____

_____

_____

오늘의 습관 목표 _____

_____

_____

오늘 나는 얼마나 의욕적인가?

☐ 1 어떻게 되든 상관없다.
☐ 2 아, 힘들 거 같은데……

☐ 3 의욕이 넘치는 건 아니지만, 할 수 있을 것 같다.
☐ 4 할 수 있다, 자신 있다!
☐ 5 두근두근, 기대된다!

감정(하나에 동그라미 치기) 😀 🙂 😐 🙁 😫

오늘 내 습관에 영향을 미친 상황, 사람, 감정, 생각, 기타 행동

_____

_____

_____

일일 습관 점검: 아래에 습관을 적고('8시간 수면' 등) 실천했다면 체크 표시하자.

○ _____ ○ _____
○ _____ ○ _____
○ _____ ○ _____
○ _____ ○ _____
○ _____ ○ _____

DAY 13

날짜 _____ / _____ / _____

오늘의 감사 일기 _____

_____

_____

_____

오늘의 습관 목표 _____

_____

_____

오늘 나는 얼마나 의욕적인가?

☐ 1 어떻게 되든 상관없다.

☐ 2 아, 힘들 거 같은데……

☐ 3 의욕이 넘치는 건 아니지만, 할 수 있을 것 같다.

☐ 4 할 수 있다, 자신 있다!

☐ 5 두근두근, 기대된다!

감정(하나에 동그라미 치기) ☺ ☺ 😐 🙁 😣

오늘 내 습관에 영향을 미친 상황, 사람, 감정, 생각, 기타 행동

_____

_____

_____

일일 습관 점검: 아래에 습관을 적고('8시간 수면' 등) 실천했다면 체크 표시하자.

○ _____   ○ _____

○ _____   ○ _____

○ _____   ○ _____

○ _____   ○ _____

○ _____   ○ _____

DAY 14

날짜 _____ / _____ / _____

오늘의 감사 일기 _____

_____

_____

_____

오늘의 습관 목표 _____

_____

_____

오늘 나는 얼마나 의욕적인가?

☐ 1 어떻게 되든 상관없다.
☐ 2 아, 힘들 거 같은데……

☐ 3 의욕이 넘치는 건 아니지만, 할 수 있을 것 같다.
☐ 4 할 수 있다, 자신 있다!
☐ 5 두근두근, 기대된다!

감정(하나에 동그라미 치기) 😃 🙂 😐 🙁 😣

오늘 내 습관에 영향을 미친 상황, 사람, 감정, 생각, 기타 행동

_____

_____

_____

일일 습관 점검: 아래에 습관을 적고('8시간 수면' 등) 실천했다면 체크 표시하자.

◯ _____ ◯ _____
◯ _____ ◯ _____
◯ _____ ◯ _____
◯ _____ ◯ _____
◯ _____ ◯ _____

| WEEK 2 |

날짜   /   /

이번 주 습관 목표

이번 주 목표로 한 습관 중 잘 지킨 것

이번 주 목표로 한 습관 중 지키기 어려웠던 것

이번 주 나의 습관에 영향을 미친 생각, 감정, 상황

다음 주에 보완할 점

목표 습관을 지키면 나에게 도움이 되는 점

다음 주 습관 목표

나의 목표를 향해,
불완전하더라도 꾸준히 한 발 한 발 나아갈 것이다.

DAY 15

날짜 _____ / _____ / _____

오늘의 감사 일기 _____

_____

_____

_____

오늘의 습관 목표 _____

_____

_____

오늘 나는 얼마나 의욕적인가?

☐ 1 어떻게 되든 상관없다.

☐ 2 아, 힘들 거 같은데……

☐ 3 의욕이 넘치는 건 아니지만, 할 수 있을 것 같다.

☐ 4 할 수 있다, 자신 있다!

☐ 5 두근두근, 기대된다!

감정(하나에 동그라미 치기) 😀 🙂 😐 🙁 😣

오늘 내 습관에 영향을 미친 상황, 사람, 감정, 생각, 기타 행동

_____

_____

_____

일일 습관 점검: 아래에 습관을 적고('8시간 수면' 등) 실천했다면 체크 표시하자.

○ _____   ○ _____

○ _____   ○ _____

○ _____   ○ _____

○ _____   ○ _____

○ _____   ○ _____

DAY 16

날짜 _____ / _____ / _____

오늘의 감사 일기 ....

....

....

....

오늘의 습관 목표 ....

....

....

....

오늘 나는 얼마나 의욕적인가?

☐ 1 어떻게 되든 상관없다.
☐ 2 아, 힘들 거 같은데……

☐ 3 의욕이 넘치는 건 아니지만,
         할 수 있을 것 같다.
☐ 4 할 수 있다, 자신 있다!
☐ 5 두근두근, 기대된다!

감정(하나에 동그라미 치기) 😃 🙂 😐 🙁 😫

오늘 내 습관에 영향을 미친 상황, 사람, 감정, 생각, 기타 행동

....

....

....

일일 습관 점검: 아래에 습관을 적고('8시간 수면' 등) 실천했다면 체크 표시하자.

◯ ....   ◯ ....
◯ ....   ◯ ....
◯ ....   ◯ ....
◯ ....   ◯ ....
◯ ....   ◯ ....

DAY 17

날짜 _____ / _____ / _____

오늘의 감사 일기 _____

_____

_____

_____

오늘의 습관 목표 _____

_____

_____

오늘 나는 얼마나 의욕적인가?

☐ 1 어떻게 되든 상관없다.

☐ 2 아, 힘들 거 같은데……

☐ 3 의욕이 넘치는 건 아니지만, 할 수 있을 것 같다.

☐ 4 할 수 있다, 자신 있다!

☐ 5 두근두근, 기대된다!

감정(하나에 동그라미 치기) 😄 🙂 😐 🙁 😣

오늘 내 습관에 영향을 미친 상황, 사람, 감정, 생각, 기타 행동

_____

_____

_____

일일 습관 점검: 아래에 습관을 적고('8시간 수면' 등) 실천했다면 체크 표시하자.

○ _____   ○ _____

○ _____   ○ _____

○ _____   ○ _____

○ _____   ○ _____

○ _____   ○ _____

DAY 18

날짜 _____ / _____ / _____

오늘의 감사 일기 ....
....
....
....

오늘의 습관 목표 ....
....
....
....

오늘 나는 얼마나 의욕적인가?

☐ 1 어떻게 되든 상관없다.

☐ 2 아, 힘들 거 같은데……

☐ 3 의욕이 넘치는 건 아니지만, 할 수 있을 것 같다.

☐ 4 할 수 있다, 자신 있다!

☐ 5 두근두근, 기대된다!

감정(하나에 동그라미 치기) 😃 🙂 😐 🙁 😣

오늘 내 습관에 영향을 미친 상황, 사람, 감정, 생각, 기타 행동

....
....
....

일일 습관 점검: 아래에 습관을 적고('8시간 수면' 등) 실천했다면 체크 표시하자.

○ ....   ○ ....
○ ....   ○ ....
○ ....   ○ ....
○ ....   ○ ....
○ ....   ○ ....

DAY
19

날짜　　　　/　　　/

오늘의 감사 일기

오늘의 습관 목표

오늘 나는 얼마나 의욕적인가?

☐ 1　어떻게 되든 상관없다.
☐ 2　아, 힘들 거 같은데……

☐ 3　의욕이 넘치는 건 아니지만,
　　　할 수 있을 것 같다.
☐ 4　할 수 있다, 자신 있다!
☐ 5　두근두근, 기대된다!

감정(하나에 동그라미 치기)　😄　🙂　😐　🙁　😣
오늘 내 습관에 영향을 미친 상황, 사람, 감정, 생각, 기타 행동

일일 습관 점검: 아래에 습관을 적고('8시간 수면' 등) 실천했다면 체크 표시하자.

○ _____　　○ _____
○ _____　　○ _____
○ _____　　○ _____
○ _____　　○ _____
○ _____　　○ _____

DAY 20

날짜 _____ / _____ / _____

오늘의 감사 일기 ....

....

....

....

오늘의 습관 목표 ....

....

....

....

오늘 나는 얼마나 의욕적인가?

☐ 1 어떻게 되든 상관없다.
☐ 2 아, 힘들 거 같은데……

☐ 3 의욕이 넘치는 건 아니지만, 할 수 있을 것 같다.
☐ 4 할 수 있다, 자신 있다!
☐ 5 두근두근, 기대된다!

감정(하나에 동그라미 치기) 😃 🙂 😐 🙁 😣

오늘 내 습관에 영향을 미친 상황, 사람, 감정, 생각, 기타 행동

....

....

....

일일 습관 점검: 아래에 습관을 적고('8시간 수면' 등) 실천했다면 체크 표시하자.

○ .... ○ ....
○ .... ○ ....
○ .... ○ ....
○ .... ○ ....
○ .... ○ ....

날짜 _____ / _____ / _____

오늘의 감사 일기 _____

_____

_____

오늘의 습관 목표 _____

_____

_____

오늘 나는 얼마나 의욕적인가?

☐ 1 어떻게 되든 상관없다.
☐ 2 아, 힘들 거 같은데……

☐ 3 의욕이 넘치는 건 아니지만,
      할 수 있을 것 같다.
☐ 4 할 수 있다, 자신 있다!
☐ 5 두근두근, 기대된다!

감정(하나에 동그라미 치기) 😄 🙂 😐 🙁 😫

오늘 내 습관에 영향을 미친 상황, 사람, 감정, 생각, 기타 행동

_____

_____

_____

일일 습관 점검: 아래에 습관을 적고('8시간 수면' 등) 실천했다면 체크 표시하자.

○ _____   ○ _____
○ _____   ○ _____
○ _____   ○ _____
○ _____   ○ _____
○ _____   ○ _____

WEEK 3

날짜 _____ / _____ / _____

이번 주 습관 목표 _____

이번 주 목표로 한 습관 중 잘 지킨 것 _____

이번 주 목표로 한 습관 중 지키기 어려웠던 것 _____

이번 주 나의 습관에 영향을 미친 생각, 감정, 상황 _____

다음 주에 보완할 점 _____

목표 습관을 지키면 나에게 도움이 되는 점 _____

다음 주 습관 목표 _____

습관을 바꾸거나 새로운 것을 시작할 때 처음이 가장 힘들다.
그러나 반복하다 보면 새 습관도 익숙해진다.
익숙해지는 과정에서 더 단단해진다.

리첼 E. 굿리치Richelle E. Goodrich

DAY 22

날짜 _____ / _____ / _____

오늘의 감사 일기 _____

_____

_____

_____

오늘의 습관 목표 _____

_____

_____

_____

오늘 나는 얼마나 의욕적인가?

☐ 1 어떻게 되든 상관없다.

☐ 2 아, 힘들 거 같은데……

☐ 3 의욕이 넘치는 건 아니지만, 할 수 있을 것 같다.

☐ 4 할 수 있다, 자신 있다!

☐ 5 두근두근, 기대된다!

감정(하나에 동그라미 치기) 😃 🙂 😐 🙁 😣

오늘 내 습관에 영향을 미친 상황, 사람, 감정, 생각, 기타 행동

_____

_____

_____

일일 습관 점검: 아래에 습관을 적고('8시간 수면' 등) 실천했다면 체크 표시하자.

○ _____ ○ _____

○ _____ ○ _____

○ _____ ○ _____

○ _____ ○ _____

○ _____ ○ _____

DAY 23

날짜 _____ / _____ / _____

오늘의 감사 일기 _____
_____
_____
_____

오늘의 습관 목표 _____
_____
_____

오늘 나는 얼마나 의욕적인가?

☐ 1 어떻게 되든 상관없다.
☐ 2 아, 힘들 거 같은데……

☐ 3 의욕이 넘치는 건 아니지만, 할 수 있을 것 같다.
☐ 4 할 수 있다, 자신 있다!
☐ 5 두근두근, 기대된다!

감정(하나에 동그라미 치기) ☺ ☺ ☺ ☹ ☹

오늘 내 습관에 영향을 미친 상황, 사람, 감정, 생각, 기타 행동
_____
_____
_____

일일 습관 점검: 아래에 습관을 적고('8시간 수면' 등) 실천했다면 체크 표시하자.

○ _____   ○ _____
○ _____   ○ _____
○ _____   ○ _____
○ _____   ○ _____
○ _____   ○ _____

DAY 24

날짜 _____ / _____ / _____

오늘의 감사 일기 _____

....

....

....

오늘의 습관 목표 _____

....

....

오늘 나는 얼마나 의욕적인가?

☐ 1 어떻게 되든 상관없다.

☐ 2 아, 힘들 거 같은데……

☐ 3 의욕이 넘치는 건 아니지만, 할 수 있을 것 같다.

☐ 4 할 수 있다, 자신 있다!

☐ 5 두근두근, 기대된다!

감정(하나에 동그라미 치기) 😀 🙂 😐 🙁 😣

오늘 내 습관에 영향을 미친 상황, 사람, 감정, 생각, 기타 행동

....

....

....

일일 습관 점검: 아래에 습관을 적고('8시간 수면' 등) 실천했다면 체크 표시하자.

○ .... ○ ....

○ .... ○ ....

○ .... ○ ....

○ .... ○ ....

○ .... ○ ....

DAY 25

날짜 _____ / _____ / _____

오늘의 감사 일기 _____

_____

_____

_____

오늘의 습관 목표 _____

_____

_____

오늘 나는 얼마나 의욕적인가?

☐ 1 어떻게 되든 상관없다.

☐ 2 아, 힘들 거 같은데……

☐ 3 의욕이 넘치는 건 아니지만, 할 수 있을 것 같다.

☐ 4 할 수 있다, 자신 있다!

☐ 5 두근두근, 기대된다!

감정(하나에 동그라미 치기) 😃 🙂 😐 🙁 😣

오늘 내 습관에 영향을 미친 상황, 사람, 감정, 생각, 기타 행동

_____

_____

_____

일일 습관 점검: 아래에 습관을 적고('8시간 수면' 등) 실천했다면 체크 표시하자.

◯ _____ ◯ _____

◯ _____ ◯ _____

◯ _____ ◯ _____

◯ _____ ◯ _____

◯ _____ ◯ _____

DAY 26

날짜 _____ / _____ / _____

오늘의 감사 일기 _____

_____

_____

_____

오늘의 습관 목표 _____

_____

_____

오늘 나는 얼마나 의욕적인가?

☐ 1 어떻게 되든 상관없다.

☐ 2 아, 힘들 거 같은데……

☐ 3 의욕이 넘치는 건 아니지만, 할 수 있을 것 같다.

☐ 4 할 수 있다, 자신 있다!

☐ 5 두근두근, 기대된다!

감정(하나에 동그라미 치기) 😀 🙂 😐 🙁 😫

오늘 내 습관에 영향을 미친 상황, 사람, 감정, 생각, 기타 행동

_____

_____

_____

일일 습관 점검: 아래에 습관을 적고('8시간 수면' 등) 실천했다면 체크 표시하자.

○ _____   ○ _____

○ _____   ○ _____

○ _____   ○ _____

○ _____   ○ _____

○ _____   ○ _____

날짜 _____ / _____ / _____

오늘의 감사 일기 ....

....

....

....

오늘의 습관 목표 ....

....

....

오늘 나는 얼마나 의욕적인가?

☐ 1 어떻게 되든 상관없다.

☐ 2 아, 힘들 거 같은데……

☐ 3 의욕이 넘치는 건 아니지만, 할 수 있을 것 같다.

☐ 4 할 수 있다, 자신 있다!

☐ 5 두근두근, 기대된다!

감정(하나에 동그라미 치기) 😀 🙂 😐 🙁 😣

오늘 내 습관에 영향을 미친 상황, 사람, 감정, 생각, 기타 행동

....

....

....

일일 습관 점검: 아래에 습관을 적고('8시간 수면' 등) 실천했다면 체크 표시하자.

◯ .... ◯ ....

◯ .... ◯ ....

◯ .... ◯ ....

◯ .... ◯ ....

◯ .... ◯ ....

DAY 28

날짜 _____ / _____ / _____

오늘의 감사 일기 _____

_____

_____

오늘의 습관 목표 _____

_____

_____

오늘 나는 얼마나 의욕적인가?

☐ 1 어떻게 되든 상관없다.

☐ 2 아, 힘들 거 같은데……

☐ 3 의욕이 넘치는 건 아니지만, 할 수 있을 것 같다.

☐ 4 할 수 있다, 자신 있다!

☐ 5 두근두근, 기대된다!

감정(하나에 동그라미 치기) 😄 🙂 😐 🙁 😫

오늘 내 습관에 영향을 미친 상황, 사람, 감정, 생각, 기타 행동

_____

_____

_____

일일 습관 점검: 아래에 습관을 적고('8시간 수면' 등) 실천했다면 체크 표시하자.

○ _____   ○ _____
○ _____   ○ _____
○ _____   ○ _____
○ _____   ○ _____
○ _____   ○ _____

WEEK 4

날짜 _____ / _____ / _____

이번 주 습관 목표 _____

이번 주 목표로 한 습관 중 잘 지킨 것 _____

이번 주 목표로 한 습관 중 지키기 어려웠던 것 _____

이번 주 나의 습관에 영향을 미친 생각, 감정, 상황 _____

다음 주에 보완할 점 _____

목표 습관을 지키면 나에게 도움이 되는 점 _____

다음 주 습관 목표 _____

과거의 행동을 보면 미래의 행동을 알 수 있다.
과거는 오늘부터 시작된다.

날짜 _____ / _____ / _____

지난 4주간 지키려 한 습관 목표 _____

1주 차에는 얼마나 자주 실천했나? _____

지금은 얼마나 자주 실천하고 있나? _____

나는 발전해 가고 있다: □ 그렇다 □ 아니다 □ 애매하다

지난 4주간 목표로 한 습관 중 잘 지킨 것 _____

지난 4주간 목표로 한 습관 중 지키기 어려웠던 것 _____

지난 4주간 나의 습관에 영향을 미친 생각, 감정, 상황 _____

다음 4주 동안 보완할 부분 _____

다음 4주 동안 지킬 습관 목표 _____

중요한 건 완벽이 아니라 노력이다.
매일 노력해야만 비로소 변화가 일어난다. 변화는 그렇게 시작된다.
질리안 마이클스Jillian Michaels

Habits

지난 4주 동안 습관을 얼마나 꾸준히 지켜 왔는지 확인해 보자. 가장 윗줄에는 지키고자 했던 중요한 습관을 최대 세 개 적고, 실천한 날을 표 안에 체크하자.

	습관1:	습관2:	습관3:
1일 차			
2일 차			
3일 차			
4일 차			
5일 차			
6일 차			
7일 차			
8일 차			
9일 차			
10일 차			
11일 차			
12일 차			
13일 차			
14일 차			
15일 차			
16일 차			
17일 차			
18일 차			
19일 차			
20일 차			
21일 차			
22일 차			
23일 차			
24일 차			
25일 차			
26일 차			
27일 차			
28일 차			

	습관 1 :	습관 2 :	습관 3 :
실천 일수			
목표 실천 일수			

나는 왜 이 습관을 지키고 싶은가
이 습관들은 어떻게 나의 목표와 핵심 가치를 반영하는가

....

....

....

....

예상되는 장애물	장애물을 극복할 방법
....	....
....	....
....	....

다음 4주 동안 습관 실천을 위해 유념할 것

....

....

....

....

우리 모두 실수하고, 갈등하며, 과거의 일을 후회하기도 한다.
그렇다고 해서 그 실수가 당신은 아니다. 그 갈등이 당신은 아니다.
당신은 지금, 여기에 있다. 당신에게는 오늘과 미래를 빚을 힘이 있다.
스티브 마라볼리Steve Maraboli

DAY 29

날짜 _____ / _____ / _____

오늘의 감사 일기 _____

_____

_____

_____

오늘의 습관 목표 _____

_____

_____

오늘 나는 얼마나 의욕적인가?

☐ 1 어떻게 되든 상관없다.

☐ 2 아, 힘들 거 같은데……

☐ 3 의욕이 넘치는 건 아니지만, 할 수 있을 것 같다.

☐ 4 할 수 있다, 자신 있다!

☐ 5 두근두근, 기대된다!

감정(하나에 동그라미 치기) 😄 🙂 😐 🙁 😫

오늘 내 습관에 영향을 미친 상황, 사람, 감정, 생각, 기타 행동

_____

_____

_____

일일 습관 점검: 아래에 습관을 적고('8시간 수면' 등) 실천했다면 체크 표시하자.

◯ _____ ◯ _____

◯ _____ ◯ _____

◯ _____ ◯ _____

◯ _____ ◯ _____

◯ _____ ◯ _____

DAY 30

날짜 .... / .... / ....

오늘의 감사 일기 ....
....
....
....

오늘의 습관 목표 ....
....
....

오늘 나는 얼마나 의욕적인가?

☐ 1 어떻게 되든 상관없다.
☐ 2 아, 힘들 거 같은데……

☐ 3 의욕이 넘치는 건 아니지만, 할 수 있을 것 같다.
☐ 4 할 수 있다, 자신 있다!
☐ 5 두근두근, 기대된다!

감정(하나에 동그라미 치기) 😃 🙂 😐 🙁 😫
오늘 내 습관에 영향을 미친 상황, 사람, 감정, 생각, 기타 행동

....
....
....

일일 습관 점검: 아래에 습관을 적고('8시간 수면' 등) 실천했다면 체크 표시하자.

◯ ....
◯ ....
◯ ....
◯ ....
◯ ....

◯ ....
◯ ....
◯ ....
◯ ....
◯ ....

DAY 31

날짜 _____ / _____ / _____

오늘의 감사 일기 _____

....

....

....

오늘의 습관 목표 _____

....

....

오늘 나는 얼마나 의욕적인가?

☐ 1 어떻게 되든 상관없다.

☐ 2 아, 힘들 거 같은데……

☐ 3 의욕이 넘치는 건 아니지만, 할 수 있을 것 같다.

☐ 4 할 수 있다, 자신 있다!

☐ 5 두근두근, 기대된다!

감정(하나에 동그라미 치기) ☺ ☺ ☺ ☹ ☹

오늘 내 습관에 영향을 미친 상황, 사람, 감정, 생각, 기타 행동

....

....

....

일일 습관 점검: 아래에 습관을 적고('8시간 수면' 등) 실천했다면 체크 표시하자.

○ .... ○ ....

○ .... ○ ....

○ .... ○ ....

○ .... ○ ....

○ .... ○ ....

DAY 32

날짜   /   /

오늘의 감사 일기

오늘의 습관 목표

오늘 나는 얼마나 의욕적인가?

☐ 1   어떻게 되든 상관없다.
☐ 2   아, 힘들 거 같은데……

☐ 3   의욕이 넘치는 건 아니지만, 할 수 있을 것 같다.
☐ 4   할 수 있다, 자신 있다!
☐ 5   두근두근, 기대된다!

감정(하나에 동그라미 치기)   😃 🙂 😐 🙁 😣

오늘 내 습관에 영향을 미친 상황, 사람, 감정, 생각, 기타 행동

일일 습관 점검: 아래에 습관을 적고('8시간 수면' 등) 실천했다면 체크 표시하자.

◯
◯
◯
◯
◯

◯
◯
◯
◯
◯

DAY 33

날짜 _____ / _____ / _____

오늘의 감사 일기 _____

_____

_____

_____

오늘의 습관 목표 _____

_____

_____

오늘 나는 얼마나 의욕적인가?

☐ 1 어떻게 되든 상관없다.

☐ 2 아, 힘들 거 같은데……

☐ 3 의욕이 넘치는 건 아니지만, 할 수 있을 것 같다.

☐ 4 할 수 있다, 자신 있다!

☐ 5 두근두근, 기대된다!

감정(하나에 동그라미 치기) 😃 🙂 😐 🙁 😣

오늘 내 습관에 영향을 미친 상황, 사람, 감정, 생각, 기타 행동

_____

_____

_____

일일 습관 점검: 아래에 습관을 적고('8시간 수면' 등) 실천했다면 체크 표시하자.

○ _____   ○ _____

○ _____   ○ _____

○ _____   ○ _____

○ _____   ○ _____

○ _____   ○ _____

DAY 34

날짜 _____ / _____ / _____

오늘의 감사 일기 _____

_____

_____

_____

오늘의 습관 목표 _____

_____

_____

_____

오늘 나는 얼마나 의욕적인가?

☐ 1 어떻게 되든 상관없다.
☐ 2 아, 힘들 거 같은데……

☐ 3 의욕이 넘치는 건 아니지만, 할 수 있을 것 같다.
☐ 4 할 수 있다, 자신 있다!
☐ 5 두근두근, 기대된다!

감정(하나에 동그라미 치기) 😃 🙂 😐 🙁 😣
오늘 내 습관에 영향을 미친 상황, 사람, 감정, 생각, 기타 행동

_____

_____

_____

일일 습관 점검: 아래에 습관을 적고('8시간 수면' 등) 실천했다면 체크 표시하자.

○ _____   ○ _____
○ _____   ○ _____
○ _____   ○ _____
○ _____   ○ _____
○ _____   ○ _____

DAY 35

날짜 _____ / _____ / _____

오늘의 감사 일기 _____

_____

_____

_____

오늘의 습관 목표 _____

_____

_____

오늘 나는 얼마나 의욕적인가?

☐ 1 어떻게 되든 상관없다.

☐ 2 아, 힘들 거 같은데……

☐ 3 의욕이 넘치는 건 아니지만, 할 수 있을 것 같다.

☐ 4 할 수 있다, 자신 있다!

☐ 5 두근두근, 기대된다!

감정(하나에 동그라미 치기) 😄 🙂 😐 🙁 😣

오늘 내 습관에 영향을 미친 상황, 사람, 감정, 생각, 기타 행동

_____

_____

_____

일일 습관 점검: 아래에 습관을 적고('8시간 수면' 등) 실천했다면 체크 표시하자.

○ _____   ○ _____

○ _____   ○ _____

○ _____   ○ _____

○ _____   ○ _____

○ _____   ○ _____

날짜 _____ / _____ / _____

이번 주 습관 목표 _____

_____

이번 주 목표로 한 습관 중 잘 지킨 것 _____

_____

이번 주 목표로 한 습관 중 지키기 어려웠던 것 _____

_____

이번 주 나의 습관에 영향을 미친 생각, 감정, 상황 _____

_____

다음 주에 보완할 점 _____

_____

목표 습관을 지키면 나에게 도움이 되는 점 _____

_____

다음 주 습관 목표 _____

_____

어쩌다 한 번 하는 일보다 매일 하는 일이 더 중요하다.
그레첸 루빈Gretchen Rubin

날짜 _____ / _____ / _____

오늘의 감사 일기 ···

···

···

···

오늘의 습관 목표 ···

···

···

오늘 나는 얼마나 의욕적인가?

☐ 1 어떻게 되든 상관없다.
☐ 2 아, 힘들 거 같은데······

☐ 3 의욕이 넘치는 건 아니지만,
　　할 수 있을 것 같다.
☐ 4 할 수 있다, 자신 있다!
☐ 5 두근두근, 기대된다!

감정(하나에 동그라미 치기)　😃 🙂 😐 🙁 😩

오늘 내 습관에 영향을 미친 상황, 사람, 감정, 생각, 기타 행동

···

···

···

일일 습관 점검: 아래에 습관을 적고('8시간 수면' 등) 실천했다면 체크 표시하자.

○ _____　　○ _____
○ _____　　○ _____
○ _____　　○ _____
○ _____　　○ _____
○ _____　　○ _____

DAY 37

날짜 _____ / _____ / _____

오늘의 감사 일기 ....

....

....

....

오늘의 습관 목표 ....

....

....

오늘 나는 얼마나 의욕적인가?

☐ 1 어떻게 되든 상관없다.

☐ 2 아, 힘들 거 같은데……

☐ 3 의욕이 넘치는 건 아니지만, 할 수 있을 것 같다.

☐ 4 할 수 있다, 자신 있다!

☐ 5 두근두근, 기대된다!

감정(하나에 동그라미 치기) 😀 🙂 😐 🙁 😣

오늘 내 습관에 영향을 미친 상황, 사람, 감정, 생각, 기타 행동

....

....

....

일일 습관 점검: 아래에 습관을 적고('8시간 수면' 등) 실천했다면 체크 표시하자.

◯ .... ◯ ....

◯ .... ◯ ....

◯ .... ◯ ....

◯ .... ◯ ....

◯ .... ◯ ....

**DAY
38**

날짜 _____ / _____ / _____

오늘의 감사 일기 _____

....

....

....

오늘의 습관 목표 _____

....

....

오늘 나는 얼마나 의욕적인가?

☐ 1 어떻게 되든 상관없다.
☐ 2 아, 힘들 거 같은데……

☐ 3 의욕이 넘치는 건 아니지만,
       할 수 있을 것 같다.
☐ 4 할 수 있다, 자신 있다!
☐ 5 두근두근, 기대된다!

감정(하나에 동그라미 치기) 😃 🙂 😐 🙁 😫

오늘 내 습관에 영향을 미친 상황, 사람, 감정, 생각, 기타 행동

....

....

....

일일 습관 점검: 아래에 습관을 적고('8시간 수면' 등) 실천했다면 체크 표시하자.

◯ _____   ◯ _____
◯ _____   ◯ _____
◯ _____   ◯ _____
◯ _____   ◯ _____
◯ _____   ◯ _____

DAY 39

날짜 _____ / _____ / _____

오늘의 감사 일기 ....

....

....

....

오늘의 습관 목표 ....

....

....

....

오늘 나는 얼마나 의욕적인가?

☐ 1 어떻게 되든 상관없다.
☐ 2 아, 힘들 거 같은데……

☐ 3 의욕이 넘치는 건 아니지만,
　　　할 수 있을 것 같다.
☐ 4 할 수 있다, 자신 있다!
☐ 5 두근두근, 기대된다!

감정(하나에 동그라미 치기) 😃 🙂 😐 🙁 😣

오늘 내 습관에 영향을 미친 상황, 사람, 감정, 생각, 기타 행동

....

....

....

일일 습관 점검: 아래에 습관을 적고('8시간 수면' 등) 실천했다면 체크 표시하자.

◯ ....   ◯ ....
◯ ....   ◯ ....
◯ ....   ◯ ....
◯ ....   ◯ ....
◯ ....   ◯ ....

DAY 40

날짜 _____ / _____ / _____

오늘의 감사 일기 _____

_____

_____

_____

오늘의 습관 목표 _____

_____

_____

오늘 나는 얼마나 의욕적인가?

☐ 1 어떻게 되든 상관없다.

☐ 2 아, 힘들 거 같은데……

☐ 3 의욕이 넘치는 건 아니지만, 할 수 있을 것 같다.

☐ 4 할 수 있다, 자신 있다!

☐ 5 두근두근, 기대된다!

감정(하나에 동그라미 치기) 😄 🙂 😐 🙁 😣

오늘 내 습관에 영향을 미친 상황, 사람, 감정, 생각, 기타 행동

_____

_____

_____

일일 습관 점검: 아래에 습관을 적고('8시간 수면' 등) 실천했다면 체크 표시하자.

◯ _____   ◯ _____

◯ _____   ◯ _____

◯ _____   ◯ _____

◯ _____   ◯ _____

◯ _____   ◯ _____

DAY 41

날짜 _____ / _____ / _____

오늘의 감사 일기 _____

_____

_____

_____

오늘의 습관 목표 _____

_____

_____

오늘 나는 얼마나 의욕적인가?

☐ 1 어떻게 되든 상관없다.
☐ 2 아, 힘들 거 같은데……

☐ 3 의욕이 넘치는 건 아니지만, 할 수 있을 것 같다.
☐ 4 할 수 있다, 자신 있다!
☐ 5 두근두근, 기대된다!

감정(하나에 동그라미 치기) 😃 🙂 😐 🙁 😣

오늘 내 습관에 영향을 미친 상황, 사람, 감정, 생각, 기타 행동

_____

_____

_____

일일 습관 점검: 아래에 습관을 적고('8시간 수면' 등) 실천했다면 체크 표시하자.

○ _____ ○ _____
○ _____ ○ _____
○ _____ ○ _____
○ _____ ○ _____
○ _____ ○ _____

DAY 42

날짜 _____ / _____ / _____

오늘의 감사 일기 ....

....

....

....

오늘의 습관 목표 ....

....

....

오늘 나는 얼마나 의욕적인가?

☐ 1   어떻게 되든 상관없다.

☐ 2   아, 힘들 거 같은데……

☐ 3   의욕이 넘치는 건 아니지만, 할 수 있을 것 같다.

☐ 4   할 수 있다, 자신 있다!

☐ 5   두근두근, 기대된다!

감정(하나에 동그라미 치기) 😄 🙂 😐 🙁 😫

오늘 내 습관에 영향을 미친 상황, 사람, 감정, 생각, 기타 행동

....

....

....

일일 습관 점검: 아래에 습관을 적고('8시간 수면' 등) 실천했다면 체크 표시하자.

○ ....   ○ ....

○ ....   ○ ....

○ ....   ○ ....

○ ....   ○ ....

○ ....   ○ ....

WEEK 6

날짜 _____ / _____ / _____

이번 주 습관 목표 _____

_____

이번 주 목표로 한 습관 중 잘 지킨 것 _____

_____

이번 주 목표로 한 습관 중 지키기 어려웠던 것 _____

_____

이번 주 나의 습관에 영향을 미친 생각, 감정, 상황 _____

_____

다음 주에 보완할 점 _____

_____

목표 습관을 지키면 나에게 도움이 되는 점 _____

_____

다음 주 습관 목표 _____

_____

사소한 선택들이 모여 삶에 거대한 영향을 미치는 습관이 된다.
엘리자베스 조지|Elizabeth George

DAY 43

날짜   /   /

오늘의 감사 일기

오늘의 습관 목표

오늘 나는 얼마나 의욕적인가?

☐ 1   어떻게 되든 상관없다.
☐ 2   아, 힘들 거 같은데……

☐ 3   의욕이 넘치는 건 아니지만, 할 수 있을 것 같다.
☐ 4   할 수 있다, 자신 있다!
☐ 5   두근두근, 기대된다!

감정(하나에 동그라미 치기)   ☺ ☺ 😐 ☹ 😫

오늘 내 습관에 영향을 미친 상황, 사람, 감정, 생각, 기타 행동

일일 습관 점검: 아래에 습관을 적고('8시간 수면' 등) 실천했다면 체크 표시하자.

○
○
○
○
○

○
○
○
○
○

DAY 44

날짜 _____ / _____ / _____

오늘의 감사 일기 _____

오늘의 습관 목표 _____

오늘 나는 얼마나 의욕적인가?

☐ 1 어떻게 되든 상관없다.
☐ 2 아, 힘들 거 같은데……

☐ 3 의욕이 넘치는 건 아니지만,
       할 수 있을 것 같다.
☐ 4 할 수 있다, 자신 있다!
☐ 5 두근두근, 기대된다!

감정(하나에 동그라미 치기) 😃 🙂 😐 🙁 😣

오늘 내 습관에 영향을 미친 상황, 사람, 감정, 생각, 기타 행동

_____

_____

일일 습관 점검: 아래에 습관을 적고('8시간 수면' 등) 실천했다면 체크 표시하자.

○ _____   ○ _____
○ _____   ○ _____
○ _____   ○ _____
○ _____   ○ _____
○ _____   ○ _____

DAY 45

날짜 _____ / _____ / _____

오늘의 감사 일기 _____

_____

_____

_____

오늘의 습관 목표 _____

_____

_____

오늘 나는 얼마나 의욕적인가?

☐ 1 어떻게 되든 상관없다.

☐ 2 아, 힘들 거 같은데……

☐ 3 의욕이 넘치는 건 아니지만, 할 수 있을 것 같다.

☐ 4 할 수 있다, 자신 있다!

☐ 5 두근두근, 기대된다!

감정(하나에 동그라미 치기) 😄 🙂 😐 🙁 😣

오늘 내 습관에 영향을 미친 상황, 사람, 감정, 생각, 기타 행동

_____

_____

_____

일일 습관 점검: 아래에 습관을 적고('8시간 수면' 등) 실천했다면 체크 표시하자.

○ _____   ○ _____
○ _____   ○ _____
○ _____   ○ _____
○ _____   ○ _____
○ _____   ○ _____

DAY 46

날짜 _____ / _____ / _____

오늘의 감사 일기 ....

....

....

....

오늘의 습관 목표 ....

....

....

오늘 나는 얼마나 의욕적인가?

☐ 1 어떻게 되든 상관없다.

☐ 2 아, 힘들 거 같은데……

☐ 3 의욕이 넘치는 건 아니지만, 할 수 있을 것 같다.

☐ 4 할 수 있다, 자신 있다!

☐ 5 두근두근, 기대된다!

감정(하나에 동그라미 치기) 😀 🙂 😐 🙁 😣

오늘 내 습관에 영향을 미친 상황, 사람, 감정, 생각, 기타 행동

....

....

....

일일 습관 점검: 아래에 습관을 적고('8시간 수면' 등) 실천했다면 체크 표시하자.

○ ....   ○ ....

○ ....   ○ ....

○ ....   ○ ....

○ ....   ○ ....

○ ....   ○ ....

DAY 47

날짜 _____ / _____ / _____

오늘의 감사 일기 _____

_____

_____

_____

오늘의 습관 목표 _____

_____

_____

오늘 나는 얼마나 의욕적인가?

☐ 1 어떻게 되든 상관없다.

☐ 2 아, 힘들 거 같은데……

☐ 3 의욕이 넘치는 건 아니지만, 할 수 있을 것 같다.

☐ 4 할 수 있다, 자신 있다!

☐ 5 두근두근, 기대된다!

감정(하나에 동그라미 치기) 😀 🙂 😐 🙁 😫

오늘 내 습관에 영향을 미친 상황, 사람, 감정, 생각, 기타 행동

_____

_____

_____

일일 습관 점검: 아래에 습관을 적고('8시간 수면' 등) 실천했다면 체크 표시하자.

○ _____   ○ _____
○ _____   ○ _____
○ _____   ○ _____
○ _____   ○ _____
○ _____   ○ _____

DAY 48

날짜 _____ / _____ / _____

오늘의 감사 일기 _____

_____

_____

_____

오늘의 습관 목표 _____

_____

_____

오늘 나는 얼마나 의욕적인가?

☐ 1 어떻게 되든 상관없다.

☐ 2 아, 힘들 거 같은데……

☐ 3 의욕이 넘치는 건 아니지만, 할 수 있을 것 같다.

☐ 4 할 수 있다, 자신 있다!

☐ 5 두근두근, 기대된다!

감정(하나에 동그라미 치기) 😃 🙂 😐 🙁 😣

오늘 내 습관에 영향을 미친 상황, 사람, 감정, 생각, 기타 행동

_____

_____

_____

일일 습관 점검: 아래에 습관을 적고('8시간 수면' 등) 실천했다면 체크 표시하자.

○ _____   ○ _____

○ _____   ○ _____

○ _____   ○ _____

○ _____   ○ _____

○ _____   ○ _____

DAY 49

날짜 _____ / _____ / _____

오늘의 감사 일기 _____
_____
_____
_____

오늘의 습관 목표 _____
_____
_____

오늘 나는 얼마나 의욕적인가?

☐ 1 어떻게 되든 상관없다.
☐ 2 아, 힘들 거 같은데……

☐ 3 의욕이 넘치는 건 아니지만, 할 수 있을 것 같다.
☐ 4 할 수 있다, 자신 있다!
☐ 5 두근두근, 기대된다!

감정(하나에 동그라미 치기) 😃 🙂 😐 🙁 😣
오늘 내 습관에 영향을 미친 상황, 사람, 감정, 생각, 기타 행동

_____
_____
_____

일일 습관 점검: 아래에 습관을 적고('8시간 수면' 등) 실천했다면 체크 표시하자.

◯ _____   ◯ _____
◯ _____   ◯ _____
◯ _____   ◯ _____
◯ _____   ◯ _____
◯ _____   ◯ _____

날짜 _____ / _____ / _____

이번 주 습관 목표 _____

_____

_____

이번 주 목표로 한 습관 중 잘 지킨 것 _____

_____

_____

이번 주 목표로 한 습관 중 지키기 어려웠던 것 _____

_____

_____

이번 주 나의 습관에 영향을 미친 생각, 감정, 상황 _____

_____

_____

다음 주에 보완할 점 _____

_____

_____

목표 습관을 지키면 나에게 도움이 되는 점 _____

_____

_____

다음 주 습관 목표 _____

_____

_____

오늘 나는 건강한 습관을 향한 나의 목표에 한 걸음 더 가까워졌다.

DAY 50

날짜 _____ / _____ / _____

오늘의 감사 일기 _____

_____

_____

오늘의 습관 목표 _____

_____

_____

오늘 나는 얼마나 의욕적인가?

☐ 1 어떻게 되든 상관없다.
☐ 2 아, 힘들 거 같은데……

☐ 3 의욕이 넘치는 건 아니지만,
　　할 수 있을 것 같다.
☐ 4 할 수 있다, 자신 있다!
☐ 5 두근두근, 기대된다!

감정(하나에 동그라미 치기) 😀 🙂 😐 🙁 😫

오늘 내 습관에 영향을 미친 상황, 사람, 감정, 생각, 기타 행동

_____

_____

_____

일일 습관 점검: 아래에 습관을 적고('8시간 수면' 등) 실천했다면 체크 표시하자.

○ _____　　○ _____
○ _____　　○ _____
○ _____　　○ _____
○ _____　　○ _____
○ _____　　○ _____

DAY 51

날짜 _____ / _____ / _____

오늘의 감사 일기 _____

_____

_____

_____

오늘의 습관 목표 _____

_____

_____

오늘 나는 얼마나 의욕적인가?

☐ 1 어떻게 되든 상관없다.

☐ 2 아, 힘들 거 같은데……

☐ 3 의욕이 넘치는 건 아니지만, 할 수 있을 것 같다.

☐ 4 할 수 있다, 자신 있다!

☐ 5 두근두근, 기대된다!

감정(하나에 동그라미 치기) ☺ ☺ ☺ ☹ ☹

오늘 내 습관에 영향을 미친 상황, 사람, 감정, 생각, 기타 행동

_____

_____

_____

일일 습관 점검: 아래에 습관을 적고('8시간 수면' 등) 실천했다면 체크 표시하자.

○ _____ ○ _____

○ _____ ○ _____

○ _____ ○ _____

○ _____ ○ _____

○ _____ ○ _____

DAY 52

날짜 _____ / _____ / _____

오늘의 감사 일기 _____

오늘의 습관 목표 _____

오늘 나는 얼마나 의욕적인가?

☐ 1 어떻게 되든 상관없다.
☐ 2 아, 힘들 거 같은데……

☐ 3 의욕이 넘치는 건 아니지만, 할 수 있을 것 같다.
☐ 4 할 수 있다, 자신 있다!
☐ 5 두근두근, 기대된다!

감정(하나에 동그라미 치기) 😃 🙂 😐 🙁 😣
오늘 내 습관에 영향을 미친 상황, 사람, 감정, 생각, 기타 행동

_____

일일 습관 점검: 아래에 습관을 적고('8시간 수면' 등) 실천했다면 체크 표시하자.

○ _____   ○ _____
○ _____   ○ _____
○ _____   ○ _____
○ _____   ○ _____
○ _____   ○ _____

DAY 53

날짜 _____ / _____ / _____

오늘의 감사 일기 ....

....

....

....

오늘의 습관 목표 ....

....

....

....

오늘 나는 얼마나 의욕적인가?

☐ 1 어떻게 되든 상관없다.

☐ 2 아, 힘들 거 같은데……

☐ 3 의욕이 넘치는 건 아니지만, 할 수 있을 것 같다.

☐ 4 할 수 있다, 자신 있다!

☐ 5 두근두근, 기대된다!

감정(하나에 동그라미 치기) ☺ ☺ ☺ ☹ ☹

오늘 내 습관에 영향을 미친 상황, 사람, 감정, 생각, 기타 행동

....

....

....

일일 습관 점검: 아래에 습관을 적고('8시간 수면' 등) 실천했다면 체크 표시하자.

○ .... ○ ....

○ .... ○ ....

○ .... ○ ....

○ .... ○ ....

○ .... ○ ....

DAY 54

날짜 _____ / _____ / _____

오늘의 감사 일기 _____

_____

_____

_____

오늘의 습관 목표 _____

_____

_____

오늘 나는 얼마나 의욕적인가?

☐ 1 어떻게 되든 상관없다.
☐ 2 아, 힘들 거 같은데……

☐ 3 의욕이 넘치는 건 아니지만,
　　　할 수 있을 것 같다.
☐ 4 할 수 있다, 자신 있다!
☐ 5 두근두근, 기대된다!

감정(하나에 동그라미 치기) 😀 🙂 😐 🙁 😫

오늘 내 습관에 영향을 미친 상황, 사람, 감정, 생각, 기타 행동

_____

_____

_____

일일 습관 점검: 아래에 습관을 적고('8시간 수면' 등) 실천했다면 체크 표시하자.

○ _____　　○ _____
○ _____　　○ _____
○ _____　　○ _____
○ _____　　○ _____
○ _____　　○ _____

DAY 55

날짜 _____ / _____ / _____

오늘의 감사 일기 ....

....

....

오늘의 습관 목표 ....

....

....

오늘 나는 얼마나 의욕적인가?

☐ 1 어떻게 되든 상관없다.
☐ 2 아, 힘들 거 같은데……

☐ 3 의욕이 넘치는 건 아니지만, 할 수 있을 것 같다.
☐ 4 할 수 있다, 자신 있다!
☐ 5 두근두근, 기대된다!

감정(하나에 동그라미 치기) 😀 🙂 😐 🙁 😫

오늘 내 습관에 영향을 미친 상황, 사람, 감정, 생각, 기타 행동

....

....

....

일일 습관 점검: 아래에 습관을 적고('8시간 수면' 등) 실천했다면 체크 표시하자.

○ ....   ○ ....
○ ....   ○ ....
○ ....   ○ ....
○ ....   ○ ....
○ ....   ○ ....

DAY 56

날짜 _____ / _____ / _____

오늘의 감사 일기 _____

_____

_____

_____

오늘의 습관 목표 _____

_____

_____

오늘 나는 얼마나 의욕적인가?

☐ 1 어떻게 되든 상관없다.

☐ 2 아, 힘들 거 같은데……

☐ 3 의욕이 넘치는 건 아니지만, 할 수 있을 것 같다.

☐ 4 할 수 있다, 자신 있다!

☐ 5 두근두근, 기대된다!

감정(하나에 동그라미 치기) 😃 🙂 😐 🙁 😣

오늘 내 습관에 영향을 미친 상황, 사람, 감정, 생각, 기타 행동

_____

_____

_____

일일 습관 점검: 아래에 습관을 적고('8시간 수면' 등) 실천했다면 체크 표시하자.

◯ _____   ◯ _____

◯ _____   ◯ _____

◯ _____   ◯ _____

◯ _____   ◯ _____

◯ _____   ◯ _____

WEEK 8

날짜 _____ / _____ / _____

이번 주 습관 목표 ....
....
....

이번 주 목표로 한 습관 중 잘 지킨 것 ....
....
....

이번 주 목표로 한 습관 중 지키기 어려웠던 것 ....
....
....

이번 주 나의 습관에 영향을 미친 생각, 감정, 상황 ....
....
....

다음 주에 보완할 점 ....
....
....

목표 습관을 지키면 나에게 도움이 되는 점 ....
....
....

다음 주 습관 목표 ....
....
....

나의 태도, 나의 노력,
나의 행동에 대한 통제권은 나에게 있다.

날짜 _____ / _____ / _____

지난 4주간 지키려 한 습관 목표 _____

1주 차에는 얼마나 자주 실천했나? _____

지금은 얼마나 자주 실천하고 있나? _____

나는 발전해 가고 있다: □ 그렇다 □ 아니다 □ 애매하다

지난 4주간 목표로 한 습관 중 잘 지킨 것 _____

지난 4주간 목표로 한 습관 중 지키기 어려웠던 것 _____

지난 4주간 나의 습관에 영향을 미친 생각, 감정, 상황 _____

다음 4주 동안 보완할 부분 _____

다음 4주 동안 지킬 습관 목표 _____

나는 자기 판단을 내려놓고 나를 사랑으로 안아줄 수 있는 사람이다.

Habits

지난 4주 동안 습관을 얼마나 꾸준히 지켜 왔는지 확인해 보자. 가장 윗줄에는
지키고자 했던 중요한 습관을 최대 세 개 적고, 실천한 날을 표 안에 체크하자.

	습관1:	습관2:	습관3:
1일 차			
2일 차			
3일 차			
4일 차			
5일 차			
6일 차			
7일 차			
8일 차			
9일 차			
10일 차			
11일 차			
12일 차			
13일 차			
14일 차			
15일 차			
16일 차			
17일 차			
18일 차			
19일 차			
20일 차			
21일 차			
22일 차			
23일 차			
24일 차			
25일 차			
26일 차			
27일 차			
28일 차			

	습관 1 :	습관 2 :	습관 3 :
실천 일수			
목표 실천 일수			

나는 왜 이 습관을 지키고 싶은가
이 습관들은 어떻게 나의 목표와 핵심 가치를 반영하는가

....
....
....
....

예상되는 장애물	장애물을 극복할 방법
....	....
....	....
....	....
....	....

다음 4주 동안 습관 실천을 위해 유념할 것

....
....
....
....

목표가 없으면 시작하지 않는다. 하지 않으면 끝도 없다.
보상은 주어지는 것이 아니다. 얻어내는 것이다.
랄프 왈도 에머슨Ralph Waldo Emerson

DAY 57

날짜   /   /

오늘의 감사 일기

오늘의 습관 목표

오늘 나는 얼마나 의욕적인가?

☐ 1   어떻게 되든 상관없다.

☐ 2   아, 힘들 거 같은데……

☐ 3   의욕이 넘치는 건 아니지만, 할 수 있을 것 같다.

☐ 4   할 수 있다, 자신 있다!

☐ 5   두근두근, 기대된다!

감정(하나에 동그라미 치기)   😄 🙂 😐 🙁 😧

오늘 내 습관에 영향을 미친 상황, 사람, 감정, 생각, 기타 행동

일일 습관 점검: 아래에 습관을 적고('8시간 수면' 등) 실천했다면 체크 표시하자.

○ _____   ○ _____

○ _____   ○ _____

○ _____   ○ _____

○ _____   ○ _____

○ _____   ○ _____

DAY 58

날짜 _____ / _____ / _____

오늘의 감사 일기 ....

....

....

....

오늘의 습관 목표 ....

....

....

....

오늘 나는 얼마나 의욕적인가?

☐ 1 어떻게 되든 상관없다.

☐ 2 아, 힘들 거 같은데……

☐ 3 의욕이 넘치는 건 아니지만, 할 수 있을 것 같다.

☐ 4 할 수 있다, 자신 있다!

☐ 5 두근두근, 기대된다!

감정(하나에 동그라미 치기) 😃 🙂 😐 🙁 😣

오늘 내 습관에 영향을 미친 상황, 사람, 감정, 생각, 기타 행동

....

....

....

일일 습관 점검: 아래에 습관을 적고('8시간 수면' 등) 실천했다면 체크 표시하자.

○ ....   ○ ....

○ ....   ○ ....

○ ....   ○ ....

○ ....   ○ ....

○ ....   ○ ....

날짜 _____ / _____ / _____

오늘의 감사 일기 _____

_____

_____

_____

오늘의 습관 목표 _____

_____

_____

오늘 나는 얼마나 의욕적인가?

☐ 1 어떻게 되든 상관없다.

☐ 2 아, 힘들 거 같은데……

☐ 3 의욕이 넘치는 건 아니지만,
　　　할 수 있을 것 같다.

☐ 4 할 수 있다, 자신 있다!

☐ 5 두근두근, 기대된다!

감정(하나에 동그라미 치기)　😃　🙂　😐　🙁　😫

오늘 내 습관에 영향을 미친 상황, 사람, 감정, 생각, 기타 행동

_____

_____

_____

일일 습관 점검: 아래에 습관을 적고('8시간 수면' 등) 실천했다면 체크 표시하자.

○ _____　　○ _____

○ _____　　○ _____

○ _____　　○ _____

○ _____　　○ _____

○ _____　　○ _____

DAY 60

날짜 _____ / _____ / _____

오늘의 감사 일기 ....

....

....

....

오늘의 습관 목표 ....

....

....

오늘 나는 얼마나 의욕적인가?

☐ 1 어떻게 되든 상관없다.
☐ 2 아, 힘들 거 같은데……

☐ 3 의욕이 넘치는 건 아니지만, 할 수 있을 것 같다.
☐ 4 할 수 있다, 자신 있다!
☐ 5 두근두근, 기대된다!

감정(하나에 동그라미 치기)   😃 🙂 😐 🙁 😫

오늘 내 습관에 영향을 미친 상황, 사람, 감정, 생각, 기타 행동

....

....

....

일일 습관 점검: 아래에 습관을 적고('8시간 수면' 등) 실천했다면 체크 표시하자.

○ ....   ○ ....
○ ....   ○ ....
○ ....   ○ ....
○ ....   ○ ....
○ ....   ○ ....

DAY
61

날짜 _____ / _____ / _____

오늘의 감사 일기 ....
....
....
....

오늘의 습관 목표 ....
....
....

오늘 나는 얼마나 의욕적인가?

☐ 1 어떻게 되든 상관없다.
☐ 2 아, 힘들 거 같은데……

☐ 3 의욕이 넘치는 건 아니지만,
      할 수 있을 것 같다.
☐ 4 할 수 있다, 자신 있다!
☐ 5 두근두근, 기대된다!

감정(하나에 동그라미 치기) ☺ ☺ ☺ ☹ ☹
오늘 내 습관에 영향을 미친 상황, 사람, 감정, 생각, 기타 행동

....
....
....

일일 습관 점검: 아래에 습관을 적고('8시간 수면' 등) 실천했다면 체크 표시하자.

◯ ....   ◯ ....
◯ ....   ◯ ....
◯ ....   ◯ ....
◯ ....   ◯ ....
◯ ....   ◯ ....

DAY 62

날짜 _____ / _____ / _____

오늘의 감사 일기 _____

_____

_____

_____

오늘의 습관 목표 _____

_____

_____

오늘 나는 얼마나 의욕적인가?

☐ 1 어떻게 되든 상관없다.
☐ 2 아, 힘들 거 같은데……

☐ 3 의욕이 넘치는 건 아니지만,
　　할 수 있을 것 같다.
☐ 4 할 수 있다, 자신 있다!
☐ 5 두근두근, 기대된다!

감정(하나에 동그라미 치기) 😃 🙂 😐 🙁 😧

오늘 내 습관에 영향을 미친 상황, 사람, 감정, 생각, 기타 행동

_____

_____

_____

일일 습관 점검: 아래에 습관을 적고('8시간 수면' 등) 실천했다면 체크 표시하자.

○ _____
○ _____
○ _____
○ _____
○ _____

○ _____
○ _____
○ _____
○ _____
○ _____

날짜 _____ / _____ / _____

오늘의 감사 일기 ....

....

....

....

오늘의 습관 목표 ....

....

....

오늘 나는 얼마나 의욕적인가?

☐ 1   어떻게 되든 상관없다.

☐ 2   아, 힘들 거 같은데……

☐ 3   의욕이 넘치는 건 아니지만, 할 수 있을 것 같다.

☐ 4   할 수 있다, 자신 있다!

☐ 5   두근두근, 기대된다!

감정(하나에 동그라미 치기) ☺ ☺ ☺ ☹ ☹

오늘 내 습관에 영향을 미친 상황, 사람, 감정, 생각, 기타 행동

....

....

....

일일 습관 점검: 아래에 습관을 적고('8시간 수면' 등) 실천했다면 체크 표시하자.

○ _____   ○ _____

○ _____   ○ _____

○ _____   ○ _____

○ _____   ○ _____

○ _____   ○ _____

WEEK 9

날짜 _____ / _____ / _____

이번 주 습관 목표 ....

....

....

이번 주 목표로 한 습관 중 잘 지킨 것 ....

....

....

이번 주 목표로 한 습관 중 지키기 어려웠던 것 ....

....

....

이번 주 나의 습관에 영향을 미친 생각, 감정, 상황 ....

....

....

다음 주에 보완할 점 ....

....

....

목표 습관을 지키면 나에게 도움이 되는 점 ....

....

....

다음 주 습관 목표 ....

....

....

....

나는 목표를 달성할 수 있다.

DAY 64

날짜 _____ / _____ / _____

오늘의 감사 일기 _____

_____

_____

_____

오늘의 습관 목표 _____

_____

_____

오늘 나는 얼마나 의욕적인가?

☐ 1 어떻게 되든 상관없다.

☐ 2 아, 힘들 거 같은데……

☐ 3 의욕이 넘치는 건 아니지만, 할 수 있을 것 같다.

☐ 4 할 수 있다, 자신 있다!

☐ 5 두근두근, 기대된다!

감정(하나에 동그라미 치기) ☺ ☺ 😐 ☹ 😣

오늘 내 습관에 영향을 미친 상황, 사람, 감정, 생각, 기타 행동

_____

_____

_____

일일 습관 점검: 아래에 습관을 적고('8시간 수면' 등) 실천했다면 체크 표시하자.

◯ _____ ◯ _____

◯ _____ ◯ _____

◯ _____ ◯ _____

◯ _____ ◯ _____

◯ _____ ◯ _____

DAY 65

날짜 _____ / _____ / _____

오늘의 감사 일기 _____

_____

_____

오늘의 습관 목표 _____

_____

_____

오늘 나는 얼마나 의욕적인가?

☐ 1 어떻게 되든 상관없다.
☐ 2 아, 힘들 거 같은데……

☐ 3 의욕이 넘치는 건 아니지만, 할 수 있을 것 같다.
☐ 4 할 수 있다, 자신 있다!
☐ 5 두근두근, 기대된다!

감정(하나에 동그라미 치기) 😃 🙂 😐 🙁 😩

오늘 내 습관에 영향을 미친 상황, 사람, 감정, 생각, 기타 행동

_____

_____

_____

일일 습관 점검: 아래에 습관을 적고('8시간 수면' 등) 실천했다면 체크 표시하자.

○ _____   ○ _____
○ _____   ○ _____
○ _____   ○ _____
○ _____   ○ _____
○ _____   ○ _____

DAY 66

날짜 _____ / _____ / _____

오늘의 감사 일기 _____

_____

_____

_____

오늘의 습관 목표 _____

_____

_____

오늘 나는 얼마나 의욕적인가?

☐ 1 어떻게 되든 상관없다.

☐ 2 아, 힘들 거 같은데……

☐ 3 의욕이 넘치는 건 아니지만, 할 수 있을 것 같다.

☐ 4 할 수 있다, 자신 있다!

☐ 5 두근두근, 기대된다!

감정(하나에 동그라미 치기) 😀 🙂 😐 🙁 😫

오늘 내 습관에 영향을 미친 상황, 사람, 감정, 생각, 기타 행동

_____

_____

_____

일일 습관 점검: 아래에 습관을 적고('8시간 수면' 등) 실천했다면 체크 표시하자.

○ _____   ○ _____

○ _____   ○ _____

○ _____   ○ _____

○ _____   ○ _____

○ _____   ○ _____

DAY 67

날짜 _____ / _____ / _____

오늘의 감사 일기 _____

_____

_____

_____

오늘의 습관 목표 _____

_____

_____

오늘 나는 얼마나 의욕적인가?

☐ 1 어떻게 되든 상관없다.
☐ 2 아, 힘들 거 같은데……

☐ 3 의욕이 넘치는 건 아니지만,
　　　할 수 있을 것 같다.
☐ 4 할 수 있다, 자신 있다!
☐ 5 두근두근, 기대된다!

감정(하나에 동그라미 치기) 😃 🙂 😐 🙁 😖

오늘 내 습관에 영향을 미친 상황, 사람, 감정, 생각, 기타 행동

_____

_____

_____

일일 습관 점검: 아래에 습관을 적고('8시간 수면' 등) 실천했다면 체크 표시하자.

○ _____　　○ _____
○ _____　　○ _____
○ _____　　○ _____
○ _____　　○ _____
○ _____　　○ _____

DAY
68

날짜 _____ / _____ / _____

오늘의 감사 일기 _____

_____

_____

_____

오늘의 습관 목표 _____

_____

_____

오늘 나는 얼마나 의욕적인가?

☐ 1 어떻게 되든 상관없다.

☐ 2 아, 힘들 거 같은데……

☐ 3 의욕이 넘치는 건 아니지만, 할 수 있을 것 같다.

☐ 4 할 수 있다, 자신 있다!

☐ 5 두근두근, 기대된다!

감정(하나에 동그라미 치기) 😃 ☺ 😐 ☹ 😫

오늘 내 습관에 영향을 미친 상황, 사람, 감정, 생각, 기타 행동

_____

_____

_____

일일 습관 점검: 아래에 습관을 적고('8시간 수면' 등) 실천했다면 체크 표시하자.

◯ _____   ◯ _____

◯ _____   ◯ _____

◯ _____   ◯ _____

◯ _____   ◯ _____

◯ _____   ◯ _____

DAY 69

날짜 _____ / _____ / _____

오늘의 감사 일기 ....

오늘의 습관 목표 ....

오늘 나는 얼마나 의욕적인가?

☐ 1 어떻게 되든 상관없다.
☐ 2 아, 힘들 거 같은데……

☐ 3 의욕이 넘치는 건 아니지만,
　　　할 수 있을 것 같다.
☐ 4 할 수 있다, 자신 있다!
☐ 5 두근두근, 기대된다!

감정(하나에 동그라미 치기) 😊 🙂 😐 🙁 😣

오늘 내 습관에 영향을 미친 상황, 사람, 감정, 생각, 기타 행동

....

....

....

일일 습관 점검: 아래에 습관을 적고('8시간 수면' 등) 실천했다면 체크 표시하자.

○ .... ○ ....
○ .... ○ ....
○ .... ○ ....
○ .... ○ ....
○ .... ○ ....

DAY 70

날짜 _____ / _____ / _____

오늘의 감사 일기 _____

_____

_____

오늘의 습관 목표 _____

_____

_____

오늘 나는 얼마나 의욕적인가?

☐ 1 어떻게 되든 상관없다.

☐ 2 아, 힘들 거 같은데……

☐ 3 의욕이 넘치는 건 아니지만, 할 수 있을 것 같다.

☐ 4 할 수 있다, 자신 있다!

☐ 5 두근두근, 기대된다!

감정(하나에 동그라미 치기) 😃 🙂 😐 🙁 😫

오늘 내 습관에 영향을 미친 상황, 사람, 감정, 생각, 기타 행동

_____

_____

_____

일일 습관 점검: 아래에 습관을 적고('8시간 수면' 등) 실천했다면 체크 표시하자.

○ _____   ○ _____

○ _____   ○ _____

○ _____   ○ _____

○ _____   ○ _____

○ _____   ○ _____

WEEK **10**

날짜 _____ / _____ / _____

이번 주 습관 목표 ....

이번 주 목표로 한 습관 중 잘 지킨 것 ....

이번 주 목표로 한 습관 중 지키기 어려웠던 것 ....

이번 주 나의 습관에 영향을 미친 생각, 감정, 상황 ....

다음 주에 보완할 점 ....

목표 습관을 지키면 나에게 도움이 되는 점 ....

다음 주 습관 목표 ....

나는 핑계에 넘어가지 않을 정도로 강한 사람이다.

**DAY
71**

날짜 _____ / _____ / _____

오늘의 감사 일기 _____

_____

_____

_____

오늘의 습관 목표 _____

_____

_____

오늘 나는 얼마나 의욕적인가?

☐ 1 어떻게 되든 상관없다.

☐ 2 아, 힘들 거 같은데……

☐ 3 의욕이 넘치는 건 아니지만, 할 수 있을 것 같다.

☐ 4 할 수 있다, 자신 있다!

☐ 5 두근두근, 기대된다!

감정(하나에 동그라미 치기) 😃 🙂 😐 🙁 😣

오늘 내 습관에 영향을 미친 상황, 사람, 감정, 생각, 기타 행동

_____

_____

_____

일일 습관 점검: 아래에 습관을 적고('8시간 수면' 등) 실천했다면 체크 표시하자.

○ _____   ○ _____

○ _____   ○ _____

○ _____   ○ _____

○ _____   ○ _____

○ _____   ○ _____

DAY 72

날짜 _____ / _____ / _____

오늘의 감사 일기 ....

....

....

....

오늘의 습관 목표 ....

....

....

오늘 나는 얼마나 의욕적인가?

☐ 1 어떻게 되든 상관없다.

☐ 2 아, 힘들 거 같은데……

☐ 3 의욕이 넘치는 건 아니지만, 할 수 있을 것 같다.

☐ 4 할 수 있다, 자신 있다!

☐ 5 두근두근, 기대된다!

감정(하나에 동그라미 치기) 😃 🙂 😐 🙁 😫

오늘 내 습관에 영향을 미친 상황, 사람, 감정, 생각, 기타 행동

....

....

....

일일 습관 점검: 아래에 습관을 적고('8시간 수면' 등) 실천했다면 체크 표시하자.

○ .... ○ ....

○ .... ○ ....

○ .... ○ ....

○ .... ○ ....

○ .... ○ ....

DAY 73

날짜 _____ / _____ / _____

오늘의 감사 일기 ··

···

···

···

오늘의 습관 목표 ···

···

···

오늘 나는 얼마나 의욕적인가?

☐ 1 어떻게 되든 상관없다.

☐ 2 아, 힘들 거 같은데……

☐ 3 의욕이 넘치는 건 아니지만, 할 수 있을 것 같다.

☐ 4 할 수 있다, 자신 있다!

☐ 5 두근두근, 기대된다!

감정(하나에 동그라미 치기) 😄 🙂 😐 🙁 😣

오늘 내 습관에 영향을 미친 상황, 사람, 감정, 생각, 기타 행동

···

···

···

일일 습관 점검: 아래에 습관을 적고('8시간 수면' 등) 실천했다면 체크 표시하자.

◯ ································· ◯ ·································

◯ ································· ◯ ·································

◯ ································· ◯ ·································

◯ ································· ◯ ·································

◯ ································· ◯ ·································

DAY 74

날짜 _____ / _____ / _____

오늘의 감사 일기 _____

_____

_____

_____

오늘의 습관 목표 _____

_____

_____

오늘 나는 얼마나 의욕적인가?

☐ 1 어떻게 되든 상관없다.

☐ 2 아, 힘들 거 같은데……

☐ 3 의욕이 넘치는 건 아니지만, 할 수 있을 것 같다.

☐ 4 할 수 있다, 자신 있다!

☐ 5 두근두근, 기대된다!

감정(하나에 동그라미 치기) ☺ ☺ ☺ ☹ ☹

오늘 내 습관에 영향을 미친 상황, 사람, 감정, 생각, 기타 행동

_____

_____

_____

일일 습관 점검: 아래에 습관을 적고('8시간 수면' 등) 실천했다면 체크 표시하자.

○ _____ ○ _____

○ _____ ○ _____

○ _____ ○ _____

○ _____ ○ _____

○ _____ ○ _____

DAY 75

날짜 _____ / _____ / _____

오늘의 감사 일기 _____

_____

_____

_____

오늘의 습관 목표 _____

_____

_____

오늘 나는 얼마나 의욕적인가?

☐ 1 어떻게 되든 상관없다.
☐ 2 아, 힘들 거 같은데……

☐ 3 의욕이 넘치는 건 아니지만,
　　　할 수 있을 것 같다.
☐ 4 할 수 있다, 자신 있다!
☐ 5 두근두근, 기대된다!

감정(하나에 동그라미 치기) 😃 🙂 😐 🙁 😣

오늘 내 습관에 영향을 미친 상황, 사람, 감정, 생각, 기타 행동

_____

_____

_____

일일 습관 점검: 아래에 습관을 적고('8시간 수면' 등) 실천했다면 체크 표시하자.

○ _____　　○ _____
○ _____　　○ _____
○ _____　　○ _____
○ _____　　○ _____
○ _____　　○ _____

DAY 76

날짜 _____ / _____ / _____

오늘의 감사 일기 ....

....

....

....

오늘의 습관 목표 ....

....

....

오늘 나는 얼마나 의욕적인가?

☐ 1 어떻게 되든 상관없다.

☐ 2 아, 힘들 거 같은데……

☐ 3 의욕이 넘치는 건 아니지만, 할 수 있을 것 같다.

☐ 4 할 수 있다, 자신 있다!

☐ 5 두근두근, 기대된다!

감정(하나에 동그라미 치기) ☺ ☺ 😐 ☹ 😣

오늘 내 습관에 영향을 미친 상황, 사람, 감정, 생각, 기타 행동

....

....

....

일일 습관 점검: 아래에 습관을 적고('8시간 수면' 등) 실천했다면 체크 표시하자.

○ ....   ○ ....

○ ....   ○ ....

○ ....   ○ ....

○ ....   ○ ....

○ ....   ○ ....

날짜 _____ / _____ / _____

오늘의 감사 일기 _____

_____

_____

_____

오늘의 습관 목표 _____

_____

_____

_____

오늘 나는 얼마나 의욕적인가?

☐ 1 어떻게 되든 상관없다.

☐ 2 아, 힘들 거 같은데……

☐ 3 의욕이 넘치는 건 아니지만, 할 수 있을 것 같다.

☐ 4 할 수 있다, 자신 있다!

☐ 5 두근두근, 기대된다!

감정(하나에 동그라미 치기) 😀 🙂 😐 🙁 😫

오늘 내 습관에 영향을 미친 상황, 사람, 감정, 생각, 기타 행동

_____

_____

_____

일일 습관 점검: 아래에 습관을 적고('8시간 수면' 등) 실천했다면 체크 표시하자.

◯ _____   ◯ _____

◯ _____   ◯ _____

◯ _____   ◯ _____

◯ _____   ◯ _____

◯ _____   ◯ _____

WEEK 11

날짜 _____ / _____ / _____

이번 주 습관 목표 _____

이번 주 목표로 한 습관 중 잘 지킨 것 _____

이번 주 목표로 한 습관 중 지키기 어려웠던 것 _____

이번 주 나의 습관에 영향을 미친 생각, 감정, 상황 _____

다음 주에 보완할 점 _____

목표 습관을 지키면 나에게 도움이 되는 점 _____

다음 주 습관 목표 _____

늘 하던 대로 한다면 새로운 결과를 얻으리라는 기대는 버려라.
제시 포터 Jessie Potter

DAY 78

날짜 _____ / _____ / _____

오늘의 감사 일기 _____

_____

_____

_____

오늘의 습관 목표 _____

_____

_____

오늘 나는 얼마나 의욕적인가?

☐ 1 어떻게 되든 상관없다.

☐ 2 아, 힘들 거 같은데……

☐ 3 의욕이 넘치는 건 아니지만, 할 수 있을 것 같다.

☐ 4 할 수 있다, 자신 있다!

☐ 5 두근두근, 기대된다!

감정(하나에 동그라미 치기) ☺ ☺ ☺ ☹ ☹

오늘 내 습관에 영향을 미친 상황, 사람, 감정, 생각, 기타 행동

_____

_____

_____

일일 습관 점검: 아래에 습관을 적고('8시간 수면' 등) 실천했다면 체크 표시하자.

○ _____   ○ _____

○ _____   ○ _____

○ _____   ○ _____

○ _____   ○ _____

○ _____   ○ _____

DAY 79

날짜 _____ / _____ / _____

오늘의 감사 일기 ....

....

....

....

오늘의 습관 목표 ....

....

....

....

오늘 나는 얼마나 의욕적인가?

☐ 1 어떻게 되든 상관없다.

☐ 2 아, 힘들 거 같은데……

☐ 3 의욕이 넘치는 건 아니지만, 할 수 있을 것 같다.

☐ 4 할 수 있다, 자신 있다!

☐ 5 두근두근, 기대된다!

감정(하나에 동그라미 치기) ☺ ☺ ☹ ☹ ☹

오늘 내 습관에 영향을 미친 상황, 사람, 감정, 생각, 기타 행동

....

....

....

일일 습관 점검: 아래에 습관을 적고('8시간 수면' 등) 실천했다면 체크 표시하자.

○ ....   ○ ....

○ ....   ○ ....

○ ....   ○ ....

○ ....   ○ ....

○ ....   ○ ....

DAY 80

날짜 _____ / _____ / _____

오늘의 감사 일기 ....

....

....

....

오늘의 습관 목표 ....

....

....

오늘 나는 얼마나 의욕적인가?

☐ 1 어떻게 되든 상관없다.

☐ 2 아, 힘들 거 같은데……

☐ 3 의욕이 넘치는 건 아니지만, 할 수 있을 것 같다.

☐ 4 할 수 있다, 자신 있다!

☐ 5 두근두근, 기대된다!

감정(하나에 동그라미 치기) ☺ ☺ ☺ ☹ ☹

오늘 내 습관에 영향을 미친 상황, 사람, 감정, 생각, 기타 행동

....

....

....

일일 습관 점검: 아래에 습관을 적고('8시간 수면' 등) 실천했다면 체크 표시하자.

◯ ....   ◯ ....

◯ ....   ◯ ....

◯ ....   ◯ ....

◯ ....   ◯ ....

◯ ....   ◯ ....

DAY 81

날짜 _____ / _____ / _____

오늘의 감사 일기 ....

....

....

....

오늘의 습관 목표 ....

....

....

....

오늘 나는 얼마나 의욕적인가?

☐ 1 어떻게 되든 상관없다.

☐ 2 아, 힘들 거 같은데……

☐ 3 의욕이 넘치는 건 아니지만, 할 수 있을 것 같다.

☐ 4 할 수 있다, 자신 있다!

☐ 5 두근두근, 기대된다!

감정(하나에 동그라미 치기) ☺ ☺ ☺ ☹ ☹

오늘 내 습관에 영향을 미친 상황, 사람, 감정, 생각, 기타 행동

....

....

....

일일 습관 점검: 아래에 습관을 적고('8시간 수면' 등) 실천했다면 체크 표시하자.

○ _____ ○ _____
○ _____ ○ _____
○ _____ ○ _____
○ _____ ○ _____
○ _____ ○ _____

DAY 82

날짜 _____ / _____ / _____

오늘의 감사 일기 _____

_____

_____

오늘의 습관 목표 _____

_____

_____

오늘 나는 얼마나 의욕적인가?

☐ 1 어떻게 되든 상관없다.

☐ 2 아, 힘들 거 같은데……

☐ 3 의욕이 넘치는 건 아니지만, 할 수 있을 것 같다.

☐ 4 할 수 있다, 자신 있다!

☐ 5 두근두근, 기대된다!

감정(하나에 동그라미 치기) 😄 🙂 😐 🙁 😣

오늘 내 습관에 영향을 미친 상황, 사람, 감정, 생각, 기타 행동

_____

_____

_____

일일 습관 점검: 아래에 습관을 적고('8시간 수면' 등) 실천했다면 체크 표시하자.

○ _____ ○ _____

○ _____ ○ _____

○ _____ ○ _____

○ _____ ○ _____

○ _____ ○ _____

DAY 83

날짜 _____ / _____ / _____

오늘의 감사 일기 _____

_____

_____

_____

오늘의 습관 목표 _____

_____

_____

오늘 나는 얼마나 의욕적인가?

☐ 1 어떻게 되든 상관없다.

☐ 2 아, 힘들 거 같은데……

☐ 3 의욕이 넘치는 건 아니지만,
      할 수 있을 것 같다.

☐ 4 할 수 있다, 자신 있다!

☐ 5 두근두근, 기대된다!

감정(하나에 동그라미 치기) 😃 🙂 😐 🙁 😣

오늘 내 습관에 영향을 미친 상황, 사람, 감정, 생각, 기타 행동

_____

_____

_____

일일 습관 점검: 아래에 습관을 적고('8시간 수면' 등) 실천했다면 체크 표시하자.

◯ _____   ◯ _____

◯ _____   ◯ _____

◯ _____   ◯ _____

◯ _____   ◯ _____

◯ _____   ◯ _____

DAY 84

날짜 _____ / _____ / _____

오늘의 감사 일기 _____
_____
_____
_____

오늘의 습관 목표 _____
_____
_____

오늘 나는 얼마나 의욕적인가?

☐ 1 어떻게 되든 상관없다.
☐ 2 아, 힘들 거 같은데……

☐ 3 의욕이 넘치는 건 아니지만,
       할 수 있을 것 같다.
☐ 4 할 수 있다, 자신 있다!
☐ 5 두근두근, 기대된다!

감정(하나에 동그라미 치기) 😄 🙂 😐 🙁 😣
오늘 내 습관에 영향을 미친 상황, 사람, 감정, 생각, 기타 행동

_____
_____
_____

일일 습관 점검: 아래에 습관을 적고('8시간 수면' 등) 실천했다면 체크 표시하자.

◯ _____   ◯ _____
◯ _____   ◯ _____
◯ _____   ◯ _____
◯ _____   ◯ _____
◯ _____   ◯ _____

WEEK 12

날짜 _____ / _____ / _____

이번 주 습관 목표 ....
....
....

이번 주 목표로 한 습관 중 잘 지킨 것 ....
....
....

이번 주 목표로 한 습관 중 지키기 어려웠던 것 ....
....
....

이번 주 나의 습관에 영향을 미친 생각, 감정, 상황 ....
....
....

다음 주에 보완할 점 ....
....
....

목표 습관을 지키면 나에게 도움이 되는 점 ....
....
....

다음 주 습관 목표 ....
....
....

나는 쉽게 포기하지 않고 참고 견디며 해내는 사람이다.

날짜 _____ / _____ / _____

지난 4주간 지키려 한 습관 목표 _____

1주 차에는 얼마나 자주 실천했나? _____

지금은 얼마나 자주 실천하고 있나? _____

나는 발전해 가고 있다: ☐ 그렇다 ☐ 아니다 ☐ 애매하다

지난 4주간 목표로 한 습관 중 잘 지킨 것 _____
_____
_____

지난 4주간 목표로 한 습관 중 지키기 어려웠던 것 _____
_____
_____

지난 4주간 나의 습관에 영향을 미친 생각, 감정, 상황 _____
_____
_____

다음 4주 동안 보완할 부분 _____
_____

다음 4주 동안 지킬 습관 목표 _____
_____
_____

나는 굴하지 않는다. 나는 강하고, 용감한 사람이다.

Habits

지난 4주 동안 습관을 얼마나 꾸준히 지켜 왔는지 확인해 보자. 가장 윗줄에는 지키고자 했던 중요한 습관을 최대 세 개 적고, 실천한 날을 표 안에 체크하자.

	습관 1:	습관 2:	습관 3:
1일 차			
2일 차			
3일 차			
4일 차			
5일 차			
6일 차			
7일 차			
8일 차			
9일 차			
10일 차			
11일 차			
12일 차			
13일 차			
14일 차			
15일 차			
16일 차			
17일 차			
18일 차			
19일 차			
20일 차			
21일 차			
22일 차			
23일 차			
24일 차			
25일 차			
26일 차			
27일 차			
28일 차			

	습관 1 :	습관 2 :	습관 3 :
실천 일수			
목표 실천 일수			

나는 왜 이 습관을 지키고 싶은가
이 습관들은 어떻게 나의 목표와 핵심 가치를 반영하는가

....

....

....

....

예상되는 장애물	장애물을 극복할 방법
....	....
....	....
....	....

다음 4주 동안 습관 실천을 위해 유념할 것

....

....

....

....

안전지대를 벗어나야만
비로소 변화하고, 성장하며, 변모하기 시작할 수 있다.
로이 T. 베넷 Roy T. Bennett

매일, 매주, 조금씩 전진하기

여기까지 온 것을 축하한다! 당신은 현재 살고 있는 삶과 살고 싶은 삶 사이에 간극이 있으며, 매일 하는 습관이 이 간극을 벌리는 데 일조한다는 사실을 깨닫고 이 여정을 시작했다. 그리고 더 건강한 습관을 기르고 도움이 되지 않는 습관을 버려야겠다는 결심을 하게 되었을 것이다.

그런데 알고 보니 습관을 고치는 일은 생각보다 훨씬 더 복잡한 일이었다. 그렇지 않은가? 습관을 추적하면서 의욕과 노력만으로는 꾸준히 할 수 없다는 사실을 깨달았을 것이다. 그러나 동시에 이 습관 일기를 통해 습관 형성의 뒤에 어떤 심리학적 원리가 있는지도 알게 되었다. 습관을 고치는 건 그냥 열심히 한다고 되는 일이 아니다. 습관을 유발하는 신호를 포착하고, 습관에 맞게끔 생활 방식을 조정하고, 습관에 도움이 되는 요인과 방해가 되는 요인에 관한 데이터를 수집하고, 행동이 습관이 될 때까지 반복적으로 끊임없이 수행하는 이 모든 노력을 포함하는 과정이다. 이제 당신은 과학자가 된 셈이다. 목표한 행동을 매일의 습관으로 전환하는 법을 밝히고자 매일, 매주 실험하고 있는 과학자 말이다.

습관을 새로 들이는 건 분명 어려운 일이다. 하지만 이 책에서 안내하는 다양한 전략을 잘 따른다면 꾸준히 할 수 있다. 과정을 탐색할 때 스스로를 참고 기다려 주자. 과학자들도 처음부터 계획대로 실험이 흘러가는 경우는 별로 없다. 당신도 마찬가지일 거다. 오늘의 실험 결과를 바탕으로 내일, 그리고 다음 주는 어떤 부분을 조정할지 정하면 된다. 천천히, 잘 고민해 보면서 진도를 밟아 가자. 매일, 매주, 조금씩 목표를 향해 전진하자.

자기 돌봄과 가치 있는 삶에 필요한 좋은 습관을 기르는 것은 물론, 매일 일지를 작성하는 습관도 들였기를 바란다. 그리고 앞으로도 이어 가기를 바란다! 자기 행동을 관찰하는 건 변화를 만드는 아주 좋은 방법 중 하나다. 당신은 할 수 있다.

도서

- 《나는 오늘부터 달라지기로 결심했다: 어제보다 나은 내일을 꿈꾸는 맞춤형 습관 수업》, 그레첸 루빈 지음
- 《성공을 위한 습관: 당신이 비상하도록 돕는 영감들Habits for Success: Inspired Ideas to Help You Soar》, G. 브라이언 벤슨G. Brian Benson 지음 (국내 미출간)
- 《습관의 힘: 반복되는 행동이 만드는 극적인 변화》, 찰스 두히그 지음
- 《습관의 디테일: 위대한 변화를 만드는 사소한 행동 설계》, B. J. 포그 지음

TED 강연

- 저드슨 브루어, '나쁜 습관을 없애는 간단한 방법': 정신과 의사 저드슨 브루어Judson Brewer가 습관이 발달하는 방식과 함께 헤어 나오기 힘든 습관을 극복하는 간단하지만 강력하고 효과적인 전략을 소개한다.
  영상: Ted.com/talks/judson_brewer_a_simple_way_to_break_a_bad_habit.
- 맷 커츠, '30일동안 새로운 것 도전하기': 공학기술자이자 전 구글 직원인 맷 커츠Matt Cutts가 목표를 설정하고 달성하는 데 활용할 수 있

는 영감을 제공한다.

영상: Ted.com/talks/matt_cutts_try_something_new_for_30_days.

- 에밀리 발세티스, '사람들마다 운동하기가 더 어렵다고 생각하는 이유': 사회 심리학자 에밀리 발세티스Emily Balcetis가 왜 어떤 사람들은 다른 사람보다 운동하는 습관을 들이기 더 어려워하는지 설명한다.

  영상: Ted.com/talks/emily_balcetis_why_some_people_find_exercise_harder_than_others.

- 가이 윈치, '우리 모두가 정서적 응급 처치를 실습해야 하는 이유': 심리학자 겸 작가 가이 윈치Guy Winch가 정서적, 정신적 건강을 챙기는 습관을 들이는 것이 전반적인 건강 상태에 중요한 이유를 설명한다.

  영상: Ted.com/talks/guy_winch_why_we_all_need_to_practice_emotional_first_aid.

온라인 지원 커뮤니티

- 훈련이 필요해!Get Disciplined!: 새로운 습관을 들이는 데 필요한 조언과 전략을 공유하는 레딧Reddit 커뮤니티.

  주소: Reddit.com/r/getdisciplined.

- 습관Habits: 습관을 기르고, 깨고, 바꾸는 사람들이 모인 레딧 커뮤니티로, 각자 성공적이었던 전략을 공유한다.

  주소: Reddit.com/r/Habits.

- 좋은 습관 기르기Develop Good Habits: 비공개 페이스북 그룹으로, 직업, 공동체, 재정, 건강, 대인관계, 영성 생활 등 다양한 부문에서 습관을 기르고자 하는 사람들이 모여 서로를 지지해 주는 공간이다.

  주소: Facebook.com/groups/182058985596545.

- 행복과 습관Happiness and Habits: 습관 바꾸기와 책임 파트너accountability

partnership(주기적으로 연락을 취하며 목표를 향한 의지를 유지하도록 도와주는 조력자-옮긴이)를 위한 비공개 페이스북 그룹. 구성원들끼리 함께 책을 읽으며 습관 변화와 관련한 개인의 지속적인 성장과 발전을 지원하기도 한다.

주소: https://www.facebook.com/groups/happinessandhabits.

애플리케이션

- **코치 미**Coach.me: 습관 추적 앱으로, 습관 유지에 도움이 되는 지원 사항과 아이디어를 찾을 수 있는 앱 커뮤니티도 있다. 습관을 기르거나 고치기 위한 개인 맞춤형 코칭을 신청할 수 있다.
- **던**Done: 기르고 있는 습관 또는 고치려는 습관을 추적하도록 돕는 앱이다. 알람을 설정해 물 마시기, 책상에서 일어나기 등의 건강한 습관을 기를 수 있다.
- **해비티카**Habitica: 습관 기르는 활동을 게임처럼 수행할 수 있다. 습관 목표를 달성하면 아바타 레벨이 높아져 퀘스트를 완료할 수 있다.
- **루프**Loop: 완벽주의 성향 때문에 고민하는 모든 이에게 도움이 될 앱이다. 매일 습관을 지킬 때마다 점수가 쌓이고 지키지 못하면 점수가 떨어진다. 완벽주의자에게는 하루 이틀만 목표를 지키지 못해도 완전히 망한 것처럼 느껴진다. 그러나 루프 앱의 경우, 습관을 지키지 못해도 점수가 약간만 떨어지기 때문에, 당장은 기분이 나빠도 여전히 전진하는 과정에 있음을 알려준다.
- **아침 루틴 습관 트래커**Morning Routine Habit Tracker: 건강한 아침 루틴을 수립해 하루를 기분 좋게 시작하도록 도와주는 앱이다. 다음에 무엇을 해야 할지 결정하느라 생각하는 데 들어가는 번거로움을 최소화해준다.

- **스트릭**Streaks: 시간을 지켜야 하는 습관을 위한 타이머를 설정할 수 있는 앱으로, 목표를 지키지 못하고 있음을 감지하면 알림을 보내준다.

- **스트라이드**Stride: 간단한 습관 추적 앱으로 매일매일 습관을 완료할 때마다 체크할 수도 있지만, 기간(연속 3일 등) 혹은 평균(주 3회)과 같이 목표를 유연하게 설정할 수도 있다.

- Graybiel, A. M. "Habits, Rituals, and the Evaluative Brain." *Annual Review of Neuroscience* 31 (2008): 359-87.

- James, W.《심리학의 원리》, New York: Holt, 1890년.

- Patel, M. L., T. L. Brooks, and G. G. Bennett. "Consistent Self-Monitoring in a Commercial App-Based Intervention for Weight Loss: Results from a Randomized Trial." *Journal of Behavioral Medicine* 43, no. 3 (2020): 391-401.

- Skinner, B. F.《유기체의 행동The Behavior of Organisms》. New York: Appleton-Century-Crofts, 1938년.

- Wood, W., and D. Rünger. "Psychology of Habit." *Annual Review of Psychology* 67 (2015): 289-314.

습관을 설정하고 목표를 달성하기 위해서는 누구에게나 책임 파트너가 필요하다. 훌륭한 책임 파트너가 여섯 명이나 있는 나는 행운아다. 마리 팽Marie Fang 박사, 션 혼Shawn Horn 박사, 테레즈 마스카르도Therese Mascardo 박사, 소피 모트Sophie Mort 박사, 다이앤 스트라초스키Diane Strachowski 박사, 조 쇼Zoe Shaw 박사, 심리학과 치료에 대한 접근성을 높이는 과정에서 남긴 여러분의 독보적인 업적에서 저는 늘 영감을 얻습니다. 가면 증후군으로 인한 나에 대한 의심이 내 앞을 가로막으려 할 때 격려해 줘서 고마워요. 그리고 사람들을 변화시켜 가는 우리의 사명을 혼자가 아닌 모두의 작업으로 만들어 줘서 고마워요. 여러분은 여성을 지원하는 여성의 전형이에요.

Habits

추진력은 동기보다
더 강력한 기제다.
그러니 행동에 집중하자.

헤이든 핀치

하루 한 번, 변화를 만드는 12주 습관 일기

게으른 완벽주의자를 위한
시작의 습관

초판 1쇄 인쇄 | 2023년 6월 26일
초판 1쇄 발행 | 2023년 7월 14일

지은이 | 헤이든 핀치
옮긴이 | 이은정
펴낸곳 | 시크릿하우스
주소 | 서울특별시 마포구 독막로3길 51, 402호
대표전화 | 02-6339-0117
팩스 | 02-304-9122
이메일 | secret@jstone.biz
블로그 | blog.naver.com/jstone2018
페이스북 | @secrethouse2018
인스타그램 | @secrethouse_book
출판등록 | 2018년 10월 1일 제2019-000001호

ISBN 979-11-92312-53-8   03180